FULL
ENGAGEMENT!
INSPIRE, MOTIVATE, AND BRING OUT THE BEST IN YOUR PEOPLE
by BRIAN TRACY

Published by AMACOM, a division of the American Management Association, International, New York.

Japanese translation published by arrangement with AMACOM, a division of the American Management Association, International through The English Agency (Japan) Ltd.

■推薦の言葉

スティーブン・R・コヴィー
アメリカの著述家、『7つの習慣』著者

「すべての部下のモチベーションを高めて、毎日全力を発揮するための起爆剤を提供してくれる名著だ」

マーク・ビクター・ハンセン
アメリカの著述家、『こころのチキンスープ』共著者

「部下に潜在能力を最大限に発揮させる唯一の方法は、部下を励ますことだ。部下の全面的な協力が得られれば、会社は莫大な利益を得て飛躍的な発展をとげる」

マーシャル・ゴールドスミス
アメリカの著述家、
『コーチングの神様が教える「できる人」の法則』著者

「職場でも家庭でもすぐに実行できるアイデアを紹介してくれているので、誰にとってもたいへん参考になる」

ビル・バートマン
アメリカの実業家、バートマン・エンタープライズ社長

「この時代で勝ち残るには、毎日仕事に全身全霊を傾ける部下が必要だ。この本は部下の心に火をつける方法を紹介してくれている」

監訳者まえがき

結果を出すためにマネジャーには何が必要なのか？

部下を持つ者にとって、この問いに対する答えは、今すぐにでもほしいものでしょう。

その答えである、マネジャーが身につけておくべき基本的な考え方や能力を教えてくれるのがこの本です。マネジャーであるあなたがリーダーシップを発揮しつつ部下やチームメンバーをやる気にさせ、結果を出すために必要なことを具体的かつ丁寧に説いています。単に啓発的な精神論で終わるのではなく、結果を出すマネジャーになるためにおさえておくべき考え方と実践方法が詳しく説明されていますので、すぐに役立てられる内容になっています。著者は国際的に知られているコンサルタントであり、プロのスピーカー、トレーナー、セミナー講師でもあるブライアン・トレーシーで、原書のタイトルは「FULL ENGAGEMENT!: Inspire, Motivate, and Bring Out the Best in Your People」です。

私がこの本の原書をはじめて手にしたのは2011年の秋、スターバックスのCEOを辞めた後の充電期間に、国内外の経営書を読みあさっていたときでした。

かねてからブライアン・トレーシーには注目していたのですが、この本の原書のタイトルと著名な人たちの推薦の言葉に惹かれ購入し、夢中になって読んだのを覚えています。「どうすれば気持ちよく働いてくれるのか」「人を動かせるマネジャーになるためには何が必要なのか」を教えてくれるこの本は、まさに当時の私が求めていたものでした。

以来、折に触れてこの本の原書に目を通していましたので、私にとっての理想のリーダー像を思い描くうえで、少なからぬ影響を与えた本といえます。

それから約1年半後、ご縁があって監訳をお引き受けするという機会に恵まれたこと、さらにはこの本を日本のみなさまにご紹介できることを、とてもうれしく思っています。

この本は、若き日のブライアン・トレーシーの傲慢な態度がもたらした失敗談からはじまります。トップ営業マンとして営業部長に就任した彼は、その有能さゆえに当時の部下の不機嫌な表情を意に介さず、マネジャーとしての経験もないのに部下に業績をあげることだけを命令しました。その結果、1週間後には敏腕営業マンを中心にすべての部下が彼に反旗を翻したのです。

ブライアン・トレーシーは、この出来事を境に大きく変わりました。

自らの有能さを部下に見せつけて命令するのではなく、部下をやる気を引き出して結果に結びつけていく、マネジャーに生まれ変わったのです。そして、優れたマネジャーとして部下の能力を引き出し、さらに信頼されるリーダーとなり有能なマネジャーを任命して彼らのマネジメントを手伝うことで、常に結果を出し続けたのです。

この出来事を通じて、ブライアン・トレーシーはある教訓を得ました。

それは、「人の能力を最大限に引き出すには、学歴や知識、経験よりも、感情的な影響を与える接し方や言動のほうが重要だ」ということです。この本はこの教訓をもとに、部下の能力を最大限に引き出すために必要な考え方や能力、さらにマネジャー自身が最高のパフォーマンスを発揮するために身につけるべきことを、懇切丁寧に教えてくれます。

具体的には、イントロダクションで、人の能力を最大限に引き出すためになぜ感情的な影響を与える接し方や言動が重要なのかを、気づかせてくれます。

そして第1章で、人が働くことで求める「幸せになること」の重要性に気づくことと、そのことを実現させてくれる「黄金律マネジメント」を紹介しています。

続く第2章では、部下の心に火をつける方法、第3章では、部下に自分は重要な存在であると感じさせる方法を通じて、部下の能力を最大限に引き出すために不可欠な考え方やノウハウを豊富なエピソードとともに教えてくれます。

さらに第4章では、部下のパフォーマンスの邪魔をする恐怖心を取り除くにはどうすればいいのか、第5章では、どうすれば部下の心のなかに勝利の感覚をつくり出せるのか、について具体的な手法とともに詳しく説明しています。

そして第6章では、マネジャーにとってもっとも大切ともいえる、正しい人材の選び方について、すぐに役立てられる募集方法や面接でのポイントにいたるまで紹介しています。これを読むだけで、採用で失敗する確率が格段に下がるでしょう。

第7章では、マネジャー本人が結果を出すために知っておくべき具体的な手法にまとめて詳細に説明し、最後の第8章では、あなたが最高のマネジャーになるために、必ず身につけるべき能力を17の原則にまとめて紹介しています。

つまりこの本には、マネジャーが身につけるべきことがほぼすべて詰まっているのです。この本を読めばわかりますが、彼と彼の妻が子どもを育てる過程で、いろいろと学んだことを部下に応用しています。部下育成と子どもの教育はかなり多くの共通点があるからです。そのため、組織のなかでのマネジャーのみならず、子育てをする若いお父さん、お母さんにも、ぜひ読んでもらいたいと思います。

この本を何度も読み返して日々の仕事に役立てられるなら、きっとあなたも「人を動かせる」マネジャーになれるはずです。

この本を手にしたあなたが、最高のマネジャー、リーダーになることを祈っています。

2013年8月

岩田　松雄

人を動かせるマネジャーになれ！■目次

第2章 部下のパフォーマンスに火をつける

第3章 部下に自己重要感をもたせる

第4章 部下の恐怖心を取り除く

第5章 部下の心のなかに勝利の感覚をつくり出す

第6章 正しい人材を選ぶ方法

第7章 マネジャーは結果がすべてだ

第8章 最高のマネジャーになる

イントロダクション

有能なマネジャーでありつづけるための実用的で証明ずみの戦略

事実を指摘しよう。今どんなに有能なマネジャーとして知られている人でも、かつては無能なマネジャーだった。肩書に関係なく、誰もがマネジャーとしてのスキルをもたずに出発する。

部下のことを顧みないマネジャーは失格

私の例を紹介しよう。トップ営業マンから営業部長に昇進し、30人以上の営業部員を部下にもつようになったときのことは、今でも覚えている。リーダーシップの能力を見せつける絶好の機会だと勘違いし、マネジャーとしての経験もないのに、いきなり部下に命令したのだ。自分の知識と能力を披露するためにくどくどと話し、部下のミスと生産性の低さをあげつらって、「もっと業績をあげなければクビにするぞ」と脅した。そのうえ、私は部下たちの不機嫌な表情を一切無視した。彼らが集まって私の接し方に不平を言っているという噂を耳にしても意に介さなかった。

営業部長に就任して1週間がたったときのことだ。朝、出社すると、職場ががらんとしていることに気づいた。その場にいた唯一の人物である秘書によると、同僚のあいだでもっとも人望のあった敏腕の営業マンが反旗をひるがえし、ライバル社に「顧客を引き連れていくから全員を採用してほしい」ともちかけたという。私の接し方がまずくて部下たちの反感を買ったため、営業部の全員が立ち去ってしまったのだ。

私は強い衝撃を受けて唖然とし、社長がこの知らせを聞いたら自分はクビだと思った。そうなると、数年前のように路頭に迷うことは目に見えている。

どうしていいかわからず、知恵のある年長のビジネスマンに事態を説明して助言を求めた。彼は同様の事態を経験していたので、私の間違いを指摘し、事態の改善のためにすべきことを教えてくれた。

私はまず、大きな間違いを犯したことを素直に反省し、事態を収める責任があることを認めた。問題を解決する次の鍵は、この離反劇を主導した敏腕の営業マンが握っていた。だから、ライバル社に移籍する前に彼を説得すれば、事態を収拾できると確信した。

彼の名前はフィリップだった。私はただちにフィリップに連絡し、面会の約束を取りつけた。すると彼は、他の3人の優秀な営業マンを引き連れて現れた。私はすぐに謝罪し、二度と部下たちにあのような接し方をしないと誓い、どうすれば復帰してくれるかをたずねた。彼は3人と打ち合わせをしたあと、私がしなければならないことを言った。

彼の要求は単純明快だった。まず、自分を営業副部長に任命して他の営業部員たちとの橋渡し役にすること。次に、一人ひとりに敬意をもって接し、問題が発生したら人前で注意したり不平を言ったりする前に自分に相談してほしい、ということだった。

その要求に同意すると、翌日、営業部の全員が職場に復帰して業務を再開した。

私はこの経験をしたあと、やがて6カ国に営業部門を設立することになり、適切な人材を雇って訓練し、有能なマネジャーを任命して彼らのマネジメントを手伝った。どの営業チームもすぐに結果を出して会社に貢献してくれた。

自分の間違いから学んだ貴重な教訓を、私は片時も忘れなかった。

必要なのは部下の能力を引き出すこと

私が学んだ最大の教訓は、「人の能力を最大限に引き出すには、学歴や知識、経験よりも、感情的な影響を与える接し方や言動のほうが重要だ」ということだ。

幸い、あなた自身も他の人と同じように影響を受けてやる気を出すのだから、有能なマネジャーになるために必要なことをすべて知っている。あなたは周囲の人の潜在能力を引き出し、会社のために高水準の結果をもたらすチームづくりを熟知しているのだ。あとはそれを応用するだけである。

この本のなかで、あなたは部下の能力を最大限に引き出す方法を再確認することになる。同時に、自分の仕事について今のように考えて感じている理由と、他人が自分の仕事について今のように考えて感じている理由を学ぶ。さらに、「ブーメラン効果」の使い方も学ぶ。人を気分よくさせることができれば、自分も気分よくなるという法則だ。

経営学の大家ピーター・ドラッカーは「ビジネスの語彙のなかでもっとも重要なのは、成功ではなく貢献だ」と言った。貢献という視点をもとに考えると、あなたのマネジャーとしての心のもち方と職場の同僚に対する態度が大きく好転する。

部下の能力を最大限に発揮させる相乗作用

あなたの会社に対する最大の貢献は、自分にまかされた人材の能力を最大限に発揮させることだ。それには相乗作用が必要になる。人々が協力して働くことによって一人ひとりの生産高よりはるかに大きな成果をあげる作用のことだ。

人はみな、1人でいるときよりも他人と力を合わせたほうが大きな力を発揮する。

昔からある疑問の1つに、「なぜ一部の会社は他の会社より業績をあげて大きな利益を得ているのか」というものがある。

イタリアの経済学者パレートは「80対20の法則」を提唱した。それによると、国民の20パーセントが国家の80パーセントの富を所有しているという。

この法則を企業に応用して次の3つの疑問について考えてみよう。

・なぜ、企業の20パーセントが業界の利益の80パーセントを得ているのか?
・なぜ、企業の20パーセントが業界の成長の80パーセントを得ているのか?
・なぜ、企業の20パーセントが業界のシェアの80パーセントを得ているのか?

答えは簡単だ。優良企業には有能なマネジャーがいるからだ。その結果、優良企業は人材をうまく活用してライバル社をつねに上回る競争力を獲得する。

あなたのマネジャーとしての真価は、期待されているもっとも重要な結果をもたらす能力にある。職人にたとえるなら、あなたの道具はいっしょに働いている人たちだ。すべての仕事はチームによってなしとげられ、そのチームの質は一人ひとりの仕事ぶりによって決定される。一人ひとりの能力を最大限に引き出す能力が、あなたの業績、報酬、昇進、そして究極的に仕事の成功をほぼ決定する。

マネジャーとして成功するためには、２つの簡単なルールがある。

１　あなたがよくなれば、あなたの人生もよくなる。
２　あなたがよくなれば、あなたの部下もよくなる。

あなたが今後どれだけ成長できるかには限界がない。だから、どれだけ有能なマネジャーになるかにも限界がなく、今後の業績の質と量にも限界はない。

この本を読んで、有能なマネジャーでありつづけるための実用的で証明ずみの戦略を学んでほしい。そうすれば、部下の潜在能力を引き出し、業績を飛躍的に伸ばして報酬を大きく増やすことができる。

第1章 人は幸せになりたいから働く

可能なかぎり最高のビジョンを思い描こう。
なぜなら、あなたは自分が信じているものになるのだから。

——オプラ・ウインフリー
（アメリカのテレビ司会者）

セールスやマーケティングのセミナーで、私は参加者たちに「人間の意思決定の何パーセントが合理的で、何パーセントが感情的だと思うか？」とよく質問する。
大多数の人が「80パーセントと20パーセント」とか「90パーセントと10パーセント」と

答える。それに対し私は、「人間は100パーセント感情的だ」と答える。

すべての人は感情的に決定し、それを論理的に正当化するからだ。

具体的にいうと、ひと目見ただけで、または断片的な情報にもとづいて、すぐに感情的な決定をくだし、それを何時間、ときには何カ月もかけて論理的に正当化するのだ。

さらに私は参加者たちに、「人間のすべての行動の背後にある感情的な動機は何か？」と質問する。すると、「お金」「損失への恐怖」「利益への欲求」「愛」といった答えのあとで、彼らは、もっとも強力な動機は「幸せへの欲求」だという結論にいたる。

アリストテレスは『ニコマコス倫理学』（岩波文庫）のなかでそれについて論じ、「人間のすべての動機の背後には、幸せになりたいという根源的な欲求がある」と述べている。

顧客と部下が幸せになるには

人が何かを買う理由は、それを買ったあとで幸せになれると感じているからだ。人は何かを買えばどう感じるかを予想しながら買っているのである。一方、販売員やマーケッターの目標は「希望を売ること」である。人間のすべての行動を決定するのは、より大きな幸せをつかめるという希望なのだ。すべてのビジネスの至上命題は、「顧客に対して達成しなければならない最大の目標は何か？」ということだ。

答えは簡単だ。あなたと取引したことを顧客に幸せだと感じてもらうことだ。鍵を握るのは「幸せ」である。では、その理屈をマネジャーという立場にある人に応用し、「部下の能力を最大限に引き出すにはどうすればいいか」ということについて考えてみよう。

どうすれば部下が喜んで能力を最大限に発揮し、可能なかぎり最高の仕事をしてくれるのか？　どうすれば部下があなたと会社に忠誠を尽くし、全力を尽くして課題に取り組んでくれるのか？　どうすれば部下が協力し合い、よりよく、より速く、より少ないコストで仕事をする方法をたえず模索してくれるのか？

その答えも簡単である。彼らに幸せを感じさせることだ。それには、採用段階から退社式にいたるまで部下が幸せな気持ちでいっしょに仕事をし、顧客、納入業者、販売員と接し、会社に貢献してくれるように配慮する必要がある。マネジメントとモチベーションの分野では、部下に幸せを感じさせることが究極の目標なのだ。

黄金律マネジメントですべてがうまくいく

幸いにして、「部下に幸せを感じさせる」という目標を達成するのはきわめて簡単だ。すべての行動で「黄金律」（人間関係に関する究極の教え）を実践しさえすればいいのだ。すなわち、自分がしてほしいことを相手にもする、ということである。

人を動かせるマネジャーになれ！

全米屈指の名コンサルタント、ブライアン・トレーシーが2011年に出版した名著を翻訳。「マネジャーがやるべきことは、部下のモチベーションを高めて成果を上げること」と説き、その具体的な取り組み方とノウハウについて丁寧に解説したうえで、マネジャー自身が取り組むべきことについても詳細に解説。すべてのマネジャーが結果を出すために、参考にすべき書。

ブライアン・トレーシー＝著　岩田 松雄＝監訳

四六判並製　256P　定価1575円

トップ1%の人だけが実践している集中力メソッド

アスリートから経営者まで、トップ1%に共通している「黄金の成功エンジン」。

永田 豊志＝著　四六判並製　216P　定価1470円

リーダー3年目の教科書（仮）

「リーダーシップ」「部下育成」「マネジメント」の基本を改めて身につける。

小森 康光＝著　四六判並製　240P　予価1365円

掟破り

日本マクドナルドHD原田社長の言葉集。経営だけでなく人生観にも言及した1冊。

原田 泳幸＝著　四六判変型上製　256P　定価1365円

こんな本も出ます。

- 賢人たちに学ぶ 自分を超える言葉　本田 季伸＝著
- 〈2時間で丸わかり〉相続の基本を学ぶ　天野 隆＝著
- エリートを超える凡人たちの人生戦略ノート　森田 正康＝著

タイトルは変わることがあります。

読者の皆さまへ

◆書店にご希望の書籍がなかった場合は、書店に注文するか、小社に直接、電話・ＦＡＸ・はがきでご注文ください。
詳しくは営業部（電話03－3262－8011　FAX03－3234－4421）まで。
◆総合図書目録をご希望の方も、営業部までご連絡ください。
◆内容の詳細については、ホームページまたは編集部（03－3262－8012）まで。
◆携帯サイトでは、オリジナル文具が当たる読者アンケートを実施中！

携帯サイトはコチラ

かんき出版　〒102－0083　東京都千代田区麹町4－1－4 西脇ビル５Ｆ

今月のかんき出版

September ···> October, 2013

大切なことに気づかせてくれる 33の物語と90の名言

手塚治虫が、印刷会社から原稿を戻してまで描き足したモノとは？　大けがをした松井秀喜へ長嶋が贈った言葉とは？　真実の物語と語り継がれる名言には、人生を変える力がある——あなたに生きるヒントを与える１冊。

西沢　泰生＝著

四六判変型並製　272P　定価1260円

リーダーの基本

人を動かす前にまずは自分を磨け！ 誰もがすぐれたリーダーになれる35の法則。

横山　信治＝著　四六判並製　204P　定価1365円

中古ワンルームで家賃40万円稼ぐ黄金の法則（仮）

サラリーマンだからできる安全・確実な資産形成。

㈱日本財託社長　**重吉　勉**＝著　四六判並製　208P　定価1575円

日本の不動産は黄金期に突入する！

不動産を取り巻く環境は確実に改善している。今がやりどき、不動産投資。

ドイツ証券アナリスト　**大谷　洋司**＝著　四六判並製　224P　定価1575円

日本の成長エンジン　健康・医療産業

東京大学医学・工学・薬学専門連続講座⑨　国際競争を生き抜くリーダーシップとは？

東京大学大学院薬学系研究科特任教授　**木村　廣道**＝監修　Ａ５判並製　352P　定価2415円

8月はこんな本も。

- 今を生きる 僧侶の言葉　築地本願寺＆東京ビハーラ＝編
- からだのまるみ・顔のたるみが治る本　小倉　誠＝著

※定価はすべて税込みです。

大昔から現在にいたるまで、人間関係を好転させるアイデアが数多く発見されたが、この原理にまさるものはない。実際、世界の偉大な宗教の大半に共通する原理である。

問題は、部下に仕事で幸せを感じさせるためにすべきことを、知らないことではない。部下に幸せを感じさせるのを忘れていたり怠っていたりすることが問題なのだ。その理由としては、部下に幸せを感じさせることの重要性を理解せず、そんなことはする必要がないと思っていたり、他にすることがあって忙しいといったことがあげられる。

最悪なのは、部下を不幸な気分にさせておきながら、自分勝手な言い訳や都合のいい理屈で正当化することだ。

出発点は、部下の行動の理由を学ぶことである。そうすれば、部下に最大限の能力を発揮してもらい、熾烈な競争社会で成功に導くことができる。

そして最高の仕事を可能にする職場を創造する方法、「モチベーション・マネジメント」を実践する方法、つねに自分の能力を最大限に発揮する方法を学んでほしい。

部下を幸せにするための速習コース

この本を読みながら、あまりにも少ない時間ですべきことが多すぎることに戸惑いを感じる人もいるかもしれない。そこで速習コースとして、部下に幸せを感じさせて能力を最大限に発揮してもらうのに必要なことを端的に伝えよう。

ここに25のアイデアを列挙した。順番は関係ない。それを応用して最高の労働環境を創造し、一人ひとりの部下が会社に最大限の貢献をするように工夫してほしい。

次章以降はこれらのアイデアを拡大して、そのいくつかについて深く掘り下げるが、ここでは今すぐにはじめられることを列記しよう。

①部下にほほ笑む

毎日、部下に会ったら、ほほ笑みかけよう。

②部下に質問する

部下に話しかけて、「今日の調子はどうか?」「すべて順調か?」などと質問しよう。

③部下の話を聞く

部下が話しているときは耳を傾けよう。

④部下に礼儀正しく接する

部下と接するときはつねにていねいな言動を心がけて敬意を払おう。

⑤部下に「ありがとう」と言う

事の大小に関係なく、部下がするすべてのことに対して、感謝の意を伝えよう。

⑥部下に何でも知らせる

会社と仕事のこと、とくに本人の業務内容や職業の安定性に関することについては部下にしっかりと知らせるようにしよう。

⑦部下に改善を奨励する

部下が仕事をよりよくしたり、何らかの点で会社の業績を伸ばしたりするようなアイデアを思いつくことを奨励しよう。

⑧部下をボランティアのように扱う

部下が無償で働いているかのように接しよう。

⑨部下が得意客だと想像する

得意客の声を聞いたときにどう対応するかを考えて部下に接しよう。

⑩部下に十分な報酬を支払う

貢献に対しては十分かつ公正な報酬を支払おう。

⑪部下をほめる

部下の資質、長所、外見、所有物をほめよう。

⑫部下との調和を重んじる

部下全員が幸せで調和のとれたポジティブな環境で働けるようにしよう。

⑬部下をひんぱんに賞賛する

部下が業績をあげるたびに賞賛しよう。

⑭部下を批判しない
部下に対する批判、不平、非難はやめよう。
⑮部下の成功を祝う
個人とチーム全体の成功をひんぱんに祝福しよう。
⑯部下に関心を寄せる
誠実な気持ちで部下に関心を寄せよう。
⑰部下のメンターになる
部下が仕事を通じて学び、成長し、向上する方法を探そう。
⑱部下に自由を与える
部下のやりたいように仕事をさせよう。
⑲部下を守る
会社の内部や外部の人のネガティブな態度から部下を守ろう。
⑳部下をわが子のようにいたわる
子どもの成長期の失敗をささいなこととみなすように、部下をいたわろう。
㉑部下にとって明朗快活な人になる
どの部下に対しても明朗快活な人になることを決意して、部下に友好的に接しよう。
㉒部下をもち上げる

他の人たちに部下についてポジティブに話そう。

㉓部下の仕事内容を明確にする

部下の仕事内容を明確にして、一人ひとりに自分が期待されていることを伝えよう。

㉔部下にフィードバックをする

部下の仕事ぶりに対して定期的にフィードバックをしよう。

㉕上司に接するように部下に接する

部下が昇進して数カ月後には自分の上司になるかもしれないということを、自分だけが知っていると想像して部下に接するようにしよう。

自分に変化を起こすための４つの方法

以上25のアイデアをもとに、自分、自分の人生、自分の仕事、自分の人間関係を変えるには、次の４つの方法を実行するしかない。

１　してきたことをもっとする

ポジティブで幸せな労働環境をつくるために、今までしてきたことのなかでもっとすべきことは何か？

2 してきたことをあまりしない

毎日、部下に仕事で幸せを感じてもらうために、今までしてきたことのなかであまりすべきではないことは何か？

3 したことのないことをする

部下に仕事で幸せを感じてもらうために、新たにすべきことは何か？

4 してきたことをやめる

ひんぱんにしていることで、今後すべきでないことは何か？

これらの質問に対する答えがわからないなら、部下と1対1かグループでじっくり相談し、勇気を出して単刀直入に次の質問をしよう。

・今後、もっとしてほしいことは何か？
・今後、あまりしてほしくないことは何か？
・今後、はじめてほしいことは何か？
・今後、やめてほしいことは何か？

部下の発言をメモして、相手にとってたいへん重要だと思うことを選び、毎日それを実行しよう。その行動が自分の性格の一部になるまで継続するのだ。すぐにできるかもしれないし、多少時間がかかるかもしれない。しかし、いずれにしろ、その見返りは大きい。

1つのポジティブな資質を身につけるだけでも、職場の雰囲気を好転させ、部下の潜在能力を引き出すことができる。その結果、あなたは今後長きにわたって有能なマネジャーでありつづけるだろう。

アクションエクササイズ

1 会社をより幸せな職場にするために自分が実行できることを特定する。
2 毎日、部下の一人ひとりにポジティブに話しかける決意をする。
3 部下がしているよい仕事を賞賛する機会を探す。
4 部下が話しかけているときは、じっくりと耳を傾ける。
5 一人ひとりの部下を自分のビジネスに不可欠な存在として扱う。
6 部下がいつか上司になると想像して部下にていねいに接する。
7 仕事をしやすくするために自分に何ができるかを部下に定期的に問いかける。

第2章 部下のパフォーマンスに火をつける

会う人すべてが「私を大切にしてください」と書かれた札を首からぶら下げていると思って行動しよう。そうすればセールスだけでなく人生でも成功することができる。

――メアリー・ケイ・アッシュ
（アメリカの実業家）

マネジャーであるあなたの仕事は、人事部から与えられた人材とともに、最高のパフォーマンスと生産性を実現することだ。会社の経営コストの８割は、給与、福利厚生、ボーナスなどの人件費で占められている。一人ひとりのパフォーマンスがほんの少しずつでも向上していけば、会社全体にとってかなりの利益になる。

部下の力を最大限に引き出すには、まずあなたが自分のことを知り、その延長として部下のことを知らなければならない。あなたはどういう人生を送って今のあなたになり、部下はどういう経緯で今の人物になったのか。ここでは、人間の思考、感情、反応について、かなり深く理解する必要がある。人が何かをする理由、しない理由を知り、彼らに前向きな影響を与える方法を、知らなければならない。

人間は氷山のようなもの

だが、それは簡単なことではない。人間とは極度に複雑な存在だからだ。大小おりまぜた無数の経験から精神と感情が形成されている。今あなたの目の前にいる人物は、幼少期から現在にいたるまでのすべての思考、気持ち、感情、成功、失敗、恐怖、欲望、経験の影響を受け、現在のような人になっている。そして、同じことはあなたにも当てはまる。

部下はみな、氷山のようなものだと考えてみよう。あなたに見えるのは、水面に出ている人物の1割だけだ。残りの9割は、あなたには見えず、理解もできず、影響を与えることもできない。それは水面下に隠れていて、そこに過去の経験や潜在意識が存在する。

部下を相手に心理分析を行ってはいけない。マネジャーは部下の考え方や行動様式を大まかに理解していれば十分だ。カウンセリングを行ったり、誰かがその人以外の人格になるのを手助けしたりするには正式な資格が必要で、それはマネジャーの仕事ではない。

そもそも人を変えようとしても、いい結果は得られないだろう。人は人生でさまざまな影響を受けた結果、現在のような人になっている。

あなたにその影響をコントロールする力はないのだ。

人は変わらないという事実を受け入れる

ここでの基本原則は「人は変わらない」ということだ。喜劇役者のフリップ・ウィルソンは、「目に見えるものが、手に入るものだ」と言っている。職場でも家庭でも、とにかくあらゆる人間関係の問題の多くは、当事者の片方か両方が「人は変わらない」という単純な事実を受け入れるだけですぐに解決する。

怠け者はずっと怠け者だ。遅刻魔はずっと遅刻魔だ。不誠実な人はずっと不誠実だ。だらしなく雑な仕事ばかりする人は、ずっとだらしなく雑な仕事ばかりする。人は変わらない。だからストレスをかけられると、かえって本性が強化されることになる。頑固な人は、物事が思いどおりにいかないとますます頑固になる。気弱な人や優柔不断な人は、不運に見舞われたり、障害にぶつかったりすると、ますます気弱になり、優柔不断になる。

農業の世界では昔からこんな教えがある。「豚に飛び方を教えようとするな。まず、そんなことをしてもどうにもならない。飛び方を教えたところで、豚は絶対に飛べるようにはならない。次に、そんなことをしても豚を怒らせるだけだ」

たとえ自分から変わると言ってきて、変わると約束し、変わることに同意し、変わるために努力をしても、人は絶対に変わらない。いつまでたっても同じだ。人は、それまでの時間を費やして現在のような人になっている。

だから、あなたがどんなに頑張っても、その人は変わらない。

学ぶこと、成長することの意味を知る

ときどき、この事実に真っ向から反論する人がいる。

彼らは「もし人が変わらないのなら、教育も、動機づけも、チームづくりも、まったく意味がないことになる。それでは何のために研修が存在するのか」と言う。

答えは簡単だ。人は16歳か17歳までのあいだに基本的な人格ができあがる。それはコンクリートのように強固で、もう崩すことはできない。

たいていの場合、人の気質や性格は一生変わらない。卒業して20年か30年ぶりに高校の同窓会に出席すると、みんなほとんど変わっていないことに驚くはずだ。もちろん見た目

は変わっているが、中身はほぼ当時と同じである。話し方、笑い方、話の聞き方、冗談の言い方、そして人とのかかわり方は、ずっと昔のままだ。

あなたが影響を与えることができるのは、人が本来もっている才能であり、スキルであり、能力だ。彼らはあなたの指導や助言によって、過去の自分よりも向上することができる。本来の才能や能力をさらに伸ばすことができる。しかし、バスケットボールの選手を音楽家にしたり、怒りっぽい人を友好的な人に変えたりするのは不可能だ。これらはほぼ固定された性質であり、時間がたてば変わるというものではない。

大企業が人を採用するときは、たいてい性格、人柄、基本的な能力で判断し、それから何年もかけ教育して会社にとって貴重な人材に育て上げる。アヒルをワシに変えようとはしない。むしろ最初からワシを雇い、隊列を組んで飛べるように訓練するのだ。

人は、どうやって現在のような人になったのか。人のパフォーマンスや態度を決める因子でもっとも大切なのは何か。人間の行動に関する基本的な原則を理解していれば、正しい人選を行い、あなたにとってもビジネスにとっても最高のパフォーマンスを発揮してくれるチームに育て上げることができる。

成功へのマスタープログラムがある

「自己概念」（セルフコンセプト）の発見は、20世紀の心理学における最大級の発見だ。人にはそれぞれ独自の自己概念があり、それぞれの自己概念から、人の言動はほぼすべての分野で予測できる。したがって、パフォーマンスを向上させたいのなら、まず個人の自己概念を向上させなければならない。

自己概念は、その人の思考、感情、欲求、行動、経験、決断からなっている。出発点は幼児期か、またはたいていはそれよりも早い時期だ。子宮のなかにいる胎児も、生まれる前から自分が望まれているかどうかがわかるという説もあり、実際にそれを示唆する証拠も存在する。両親に望まれてこの世に生まれた子どもは、何らかの理由によって望まれなかった子どもよりも、前向きで、自信のある性格に育つことになる。

自己概念は、人の性格、パフォーマンス、生産性、幸福感を理解する鍵になる。個人の外側に現れる言動は、すべて内面に抱いている自分についての考えで決まるからだ。

人はみな、過去のすべての経験というプリズムを通して世界を見ている。ある人の過去の経験は、間違っているかもしれないし、正しいかもしれない。いい経験かもしれないし、悪い経験かもしれない。本当かもしれないし、違うかもしれない。しかし、自分が本当だと信じる度合いに影響され、その思い込みに沿った行動をする。

マネジャーであるあなたが部下の能力をさらに引き出すには、部下たちの自己概念の働きを理解しなければならない。そして、彼らの自己概念に前向きな影響を与える方法を知らなければならない。

自己概念とは、その人がもつ思い込みの集合体であり、人間の精神というコンピュータを動かすマスタープログラムだ。それは３つの部分からできている。「自己理想」「自己像」、そして「自尊心」だ。次に、それぞれについて詳しく見ていこう。

理想の自分をもっている人が成長する

人はみな、自分のなかに理想の自分をもっている。自分の能力でなることのできる最高の自分だ。自己理想（理想のセルフイメージ）は、「自分が一番なりたい人物」というふうに定義できるかもしれない。

成功していて幸せな人たちはみな、とても明確な自己理想をもっている。自分の信じるもの、支持するもの、支持しないものをすべてはっきりと自覚しているので、彼らは平均的な人たちよりも自信があり、前向きだ。いうまでもなく、トップに立つ人やリーダーの多くは、とても明確な自己理想をもっている。

自己理想を構成する要素は、その人が、自分にとっても他人にとっても大切だと考えるあらゆる美徳、価値、原則、そして資質だ。また、目標、夢、希望、野心、そして自分にとって可能な未来の姿も、自己理想の構成要素になる。

明確な自己理想をもつ人は、その理想に少しでも近づくことをめざして努力する。努力は意識的に行うこともあれば、無意識のうちに行うこともある。そして、自分が理想とすることをすでに実現した人を見ると、心から尊敬の念を抱く。同じ価値観をもつ人たちに惹きつけられ、それらの価値観を自分の行動で体現している人から強い刺激を受ける。

■人は理想的な存在を手本にする

どんな社会であっても、もっとも成功している人ほど、他の人を賞賛し、尊敬する気持ちが強い。彼らが憧れるのは、生きているか、すでに亡くなったかを問わず、立派な人生を生き、自らの人格と功績によって高い尊敬を勝ち取ったような人々だ。

アリストテレスも、「社会の進歩はすべて、若者の人格の成長からはじまる」と述べている。そして若者は、成長期に知ったお手本に大きな影響を受ける。だからこそ、自己理想で大切な要素の1つが、手本になる存在なのである。人は誰でも、自分が一番大切にしている価値をすでに体現している人を尊敬する。それは人間の本能だ。

マネジャーのもっとも大切な仕事の1つは、この手本としての役割を果たすことだろう。だから組織における正しい行いを、自らが体現しなければならない。人はこう扱われるべきであり、仕事はこのように遂行すべきだというお手本を示すことが、マネジャーの仕事になる。マネジャーが、高潔さ、誠実さ、資質で高い基準を設け、その基準をクリアしていたら、チーム全員がマネジャーと同じ高みをめざそうとするはずだ。人格的にも成長し、仕事も高いレベルでこなそうと努力する。そうした職場は、価値や美徳、原則などがほとんど顧みられない職場とは、まったく違った環境になる。

■理想的な会社にするには

理想を求めるという人間の本能を満足させるために、会社は明確な価値、ビジョン、ミッション、目的、目標をもつ必要がある。最高の企業は、これらを実際にもっている。

①明確な価値を定義する

『企業倫理の力』（清流出版）という本のなかで、著者のケン・ブランチャードとノーマン・ピンセント・ピールは数百の企業の収益性を調査し、同じ業界の他の企業と比較した。

その結果、明確な価値をもち、その価値を日々の業務で実践する方法を具体的に示した方針を決めている企業は、そうでない企業よりも、数十年にわたってつねに収益性が上だった。収益性の低い企業は、たとえ同じような価値をもっていても、それを実践するための具体的な方法までは決まっていなかった。方針として文章になっているわけでもなく、社内で議論することもなく、社員たちも内容を理解していなかったのだ。

数年前にともに仕事をしたある会社の話をしよう。

その会社は、あるアイデアをもとに起業し、投資家から資金を調達し、成功を収めた。現在でも、アメリカで成功した有数の通信会社という地位を保っている。聞いた話では、会社を起こす前に中心人物が集まり、その後数カ月から数年間にわたって指針とする価値を5つ決めようということで合意したという。何時間も話し合いが行われ、ついに5つの価値が決まり、優先順位がつけられた。

しかし、それで終わりではなかった。彼らはさらに一歩先へ進み、それぞれの価値を日々の業務で実現する方法を考え、1行の文にまとめて説明したのである。

彼らは5つの価値と、それぞれの定義を紙に印刷し、ラミネートで補強してすべての社員に配った。社内で何らかの決定をくだすような場合、彼らはかならずラミネートのカードを取り出し、5つの価値と決断の候補を照らし合わせて判断する。電話で話していたとしても、この手順で決めることもあるという。選択肢にあがっている決断のすべてを5つの価値と照らし合わせ、そこではじめて実際の決定をくだすのだ。

驚いたことに、この会社で働くすべての人は、地位や役職にかかわらず、私の知るなかでもっとも幸せで、もっとも前向きで、もっとも生産的なグループに属していた。くわえて、彼らはつねに利益をあげていた。かなり競争の激しい市場だったが、それでも毎年かならず利益を出していたのである。

会社の基礎とすべき価値は、3つから5つあれば十分だ。価値を決めるには、少なくとも数時間はきちんと話し合う必要があるだろう。大企業であれば、おそらく戦略ミーティングの場で話し合うのが適している。

ただし、話し合いがいかなる形であっても、最後には価値の選択も、価値の優先順位も、すべての経営陣による全員一致で決めなければならない。

②明確なビジョンを描く

すべての従業員がめざすべき会社の理想を決めるプロセスで、第2のステップはビジョンを描くことだ。ここでは前の段階で決めた価値にもとづいて、会社の未来の姿を描いていくことになる。

最高のリーダーは「理想化」を実践する。彼らは5年かそれ以上先を見据え、すべての面で完璧になった自分の会社の未来を思い描く。自分が魔法の杖を振ると、今日から5年後の会社が、最高の製品、最高の人材、最高のリーダー、最高の顧客サービス、最高のシステム、最高の評判、最高レベルの収益率、そして最高の株価のすべてを備えている姿を想像する。

未来を思い描いた彼らは、そこで現在に意識を戻し、中身について具体的に考えていく。「理想を実現するには、どんなことが起こらなければならないだろうか?」と。

理想の会社をつくるには、まず明確な理想像をもっていなければならない。すべての面で理想を実現した会社の姿を、詳細に思い浮かべなければならない。最高の製品、または最高のサービスを提供することが、この長期のビジョンの中心になる。どんな業種でも、成功の9割は提供する製品やサービスの質で決まるからだ。

③ミッションを見つける

会社の価値とビジョンにもとづき、今度は社員を鼓舞するような会社のミッションを決めることになる。ミッションには、誰もがめざせるような明確で達成可能な目標が必要だ。また、目標にどれだけ近づいたかを正確に知るために、進捗を計測する手段もミッションに含む必要がある。

今から100年以上も前、AT&Tが電話を全米に広げようとしていたときのことだ。当時のAT&Tのミッションは、「国民全員に電話を届ける」ことだった。1960年代についにこの目標を達成したとき、AT&Tは新しいミッションを決めなかった。その結果、会社は方向性を失い、人々にサービスを提供することよりも、社内政治や利益にばかりこだわるようになった。

まもなくAT&Tの独占に対抗すべく、新興勢力が市場に参入してくる。AT&Tは、市場を独占する資格をすでに失っていた。それから数年のうちに会社は解体され、全米の大小さまざまな電話会社に取って代わられることになった。

④自分を鼓舞する目的を見つける

そもそも、あなたはなぜ今の仕事をしているのか。

あなたはすでに、理想を実現した未来の会社の姿を思い描き、それを実現するための価値、ビジョン、ミッションを決めた。あなたが今の仕事をする目的は、その価値、ビジョン、ミッションが源流になっている。

働く目的とは、「なぜ私はこれをしているのか？」という質問に対する答えである。あなたのミッションは、あなたと会社が達成しようとしていることを明確に定義するものだ。そしてあなたの目的は、なぜそれを達成したいのかということだ。ミッションの達成をめざす理由が、あなたの目的になる。さらにあなたの目的は、あなた自身とあなたの部下の「感情」に訴えるものでなければならない。

目的のためなら、寝ずに働くこともできる。さらにたくさんのことを達成したい、さらに向上したいという意欲がわいてくる。この目的を達成すること、他の人たちからも目的を達成したと認められることが、仕事で得られるもっとも大きな満足であり、もっとも大きな喜びだ。

私も今までに、なぜこの仕事をするのかとたずねられたことが何度もある。私の答えは、25年以上も前からずっと同じだ。

「私の目的は、人々が目標を達成するのを助けることだ。私が助けたことによって、私がいなかったら絶対に不可能だったような早さで目標を達成してもらうことだ」

私の目的は、言葉としてあまり歯切れがよくないかもしれない。それでも必要な情報がきちんと入っているし、私の仕事を30年にわたってずっと支えてくれた。

これまでに手がけたセミナーやオーディオブック、ビデオ、文章は、すべてこの宣言に支えられて生まれてきた。55カ国で500万人以上を対象に行ったすべての講演やトレーニングでも、この宣言が私の原動力だった。

⑤目標を定める

目標の条件は、期限が決まっていること、そして結果が計測可能であることだ。

そのうえで、自分の価値を体現し、ビジョンを実現し、ミッションを完遂し、目標を達成するような内容でなければならない。仕事のあらゆる領域、すべての日々の業務が、この目標を達成することにつながっていなければならない。

重要な目標を設定し、それを達成するには、まず自分がその目標を達成したいという理由が明確でなければならない。理由がはっきりしているほど、明確な目標を定めることができ、その目標を達成する可能性も高くなる。

■理想の自分をもっている従業員とは

どんな企業であっても、もっとも優秀な従業員とは、企業の価値、ビジョン、ミッション、目的、目標をきちんと理解し、忠実に実行している人たちだ。

彼らは働くことに喜びを覚え、会社の目標達成に自分が貢献できることに胸を躍らせている。彼らにとってもっとも大きな満足は、自分の貢献によって会社が偉大な会社に成長することだ。彼らは、会社の顧客や、会社の製品やサービスを買ってくれる消費者から高く評価されることに、大きな価値を見出している。

明確で心が躍り、刺激的で気分が高揚するようなビジョンがあり、そこにミッション、目的、目標が組み合わさると、人間の心の奥深くにある潜在意識を満足させられる。この潜在意識とは仕事でも人生でも、すべてにおいて高い理想を実現したいという欲求だ。

セルフイメージが行動を決める

自己像（セルフイメージ）は自己概念の2つめのパートだ。

自己像は、人の思考、感情、行動に対して尋常ではない影響力をもっている。自己像を定義すると、「自分をどう見ているか」ということになるだろう。何か重要な事態が控えているときや、ある特定の行動に従事しているときに、自分のことをどう見ているか。これが自己像の定義になる。

自己像は「内なる鏡」と呼ばれることも多い。あなたはこの鏡を無意識のうちにのぞきこみ、それぞれの状況において自分の行動を決めている。俳優は、舞台に上がる直前に大きな鏡をのぞきこみ、最後にもう一度だけ自分の姿を確認するという。自己像の働きもこれと同じだ。何か行動する前に内なる鏡をちらっとのぞき、自分がどう動くかを決めるのである。

マクスウェル・マルツ医師は、『ガラッと一変あなたの人生』（騎虎書房）という本のなかで、画期的な研究結果について述べている。マルツによると、人はつねに内側にある自分観によって、外側に出る行動を決めているという。内側の自分観がたとえ間違っていたとしても、このしくみは変わらない。

マルツの専門は形成外科だ。彼は形成外科医としての経験から、この画期的な発見にたどり着いた。マルツの患者には、顔の見た目に何らかの問題があり、そのせいで容姿に難を抱えている人が多いので、手術によって美しく生まれ変わろうとする。しかし、驚いたことに手術で美しくなったにもかかわらず、患者たちは依然として自分の容姿に満足せず、劣等感をもちつづけていたというのである。

これはいったいどういうことだろう。

マルツは次のことを発見した。人は内側の自己像を変えなければ、外側の自分もまったく変わらない。自分は醜いと思い込んでいると、本当はどんなに美しくても、他人の目にも醜く映っていると思い込んでしまう。外見がどんなに変わっても、内側の自己像が変わらなければ、新しい自分として幸せを感じることはできないのである。

■セルフイメージの形成に与える親の影響

自己像の形成は、人生の早い段階ではじまる。

はじめて両親の顔を見て、自分のほうを見ている両親の顔を意識したときからすでにはじまっている。両親が赤ちゃんに幸せそうな笑顔を向け、自分の子どもはかわいく、知的で、すばらしい子だと思い、その気持ちのとおりに接していたら、その子はとても健全な自己像を育むことができる。自分は前向きで、魅力的で、知的で、みんなから好かれる存在だと考える。これがその子の世界観だ。その結果、その子は、自分は人気者で、みんなに好かれているという前提で、他者とかかわっていくことになる。

人は子ども時代を通じて、尊敬する人たちの意見から大きな影響を受ける。最初に影響を受けるのはやはり両親だ。両親から大切な存在として扱われ、いつもほめられていた子どもは、前向きな自己像をもって成長していく。その自己像は、他者とのかかわりにも影響を与える。

一方で、兄弟、不幸な親戚、友だちなどから、否定的な扱いを受けたり意地悪されたりして育った子どもは、人生の早い段階で自己像や自信が大きく揺らぎ、自分の価値に疑問をもつようになってしまう。

しかし、子ども時代に前向きな自己像がしっかり根づいていれば、周りからどんなに否定的な扱いを受けても、自信を失うことなく自分をしっかりもつことができる。誰かから何らかの理由で自分を否定されても、強固で前向きな自己像を保つことができるのだ。

■自己像の3つのパート

自己像には3つのパートがある。

①自分のことをどう見るか

第1のパートは自分をどう見るかということで、この自己像がもっとも重要だ。自己像は、現実と合致していることもあれば、していないこともある。自己実現をしている人は前向きな自分観をもち、現実でも前向きな人として存在している。逆に不幸な人は、否定的で悲観的な自己像をもっている。

私の父は困難な家庭で育った。一生を通じてずっと否定的な自己像を抱きつづけ、それを自分の子どもたちにも叩き込んだ。否定的な自己像をもつ親は、子どもにも否定的な自己像を根づかせる。これはよくあることだ。父は長年にわたって私を否定しつづけた。

「おまえは頼りない、あてにならない、ウソつきだ、泥棒だ」と言いつづけた。私がそう言われるきっかけは、何かをうっかり忘れるとかクッキーをつまみ食いするといった、とてもささいな出来事だった。しかし、そんなことは父には関係ない。父の目から見た私は「できの悪い子」だった。その結果、私は否定的な自己像を抱いて成長し、温かい家庭で育った子どもと自分を比べ、いつも劣等感にさいなまれていた。

しかし10代のはじめに私は人生の転機を迎えた。

父の言葉をそのまま信じる必要はない。父が私について言ったことは、すべて本当であるとはかぎらない。私の価値をおとしめる父の言葉から影響を受ける必要はない。私は自分の心を強く保とうと決心した。「父の否定的な言葉をすべて無視しよう。代わりに、成果をあげている自分の姿を想像し、自信を身につけ、前向きな自己像を自分で育てればいい」と。この決心は私の人生を変えた。

どんな人でも同じ決心をすれば人生が大きく変わるだろう。

・人生のシナリオは書き換えられる

誰かから言われる否定的な言葉（または、幼いころに言われた否定的な言葉）は、すべて間違っているか、一時的にしか本当ではない。これを忘れないようにしよう。

それにあなたは、いつでも好きなときに人生のシナリオを書き換えることができる。

あなたは今までに約束の時間に遅れたことがあるか。もしあるとしても、これからあなたは「時間に正確な人」だ。子どものころ、だらしなくて部屋を散らかしていたか。もしそうだとしても、これからあなたは整理整頓のできるきちんとした人だ。以前のあなたは、他人が話していると遠慮して自分の意見を押し殺してしまうような人だったか。もしそうだとしても、これからのあなたは自信をもって自分の意見を言える人だ。前向きな態度で、自分の考えをわかりやすく伝えられる人だ。

どんなことでも、何度もくり返せば、いずれ新しい習慣になる。外側のパフォーマンスを向上させたいという強い気持ちがあるかぎり、くり返しと練習によって、その種を自分のなかで育てることができる。そして、思い描いていた理想の行動があなたのなかにしっかりと根づき、あなたという人間の一部として定着する。

理想を実現した自分を何度も何度も思い描けば、実際に自分を理想の形につくりかえることができる。内側の自分を変えれば、外側のパフォーマンスも変わるのだ。

②他人からどのように見られていると思うか

自己像の第2のパートは他人から見た自分像で、これもとても大切な要素になる。

他人から前向きに見られていると思っている人は、言動も前向きになる。人から好かれている、尊敬されている、認められていると思っている人は、どんな人を相手にしても、前向きで、快活で、周囲の人から好かれる人柄になるからだ。

人は、成長期に他人から受けた行動や自分に向けられた言葉に、とても大きな影響を受ける。そして大人になってからも、「他人は自分をどう思っているか」という考えに必要以上に大きな影響を受ける。私たちのなかには、他人の考えや意見にとても敏感になっていて、他人の承認がなければ何も行動が起こせない人もたくさんいるだろう。

・自分が思うほど人は気にしていない

しかし、他人がどう思うかを基準に自分の行動を決めるのは間違っている。あなたも20代のころは他人の意見を気にしていたかもしれない。しかし30代になると、昔ほどは他人の意見が気にならなくなる。人からどう思われようと気にしないという態度を身につけるようになる。そして40代に入ると、すべてを根底から覆すような偉大な真実に気づく。「誰も自分のことをそんなに気にしていない」という真実にだ。

実際、思考の99パーセントは自分のことについてだ。

誰もが自分の問題や心配事について考えている。そして残りの1パーセントで、自分以外のすべての人間について考えている。つまり、他人にとってのあなたは、その1パーセントのうちのほんの一部でしかないということだ。人間が抱く最大級のうぬぼれは、他人が自分のことばかり考えていると思い込むことである。しかし実際は、ほとんどの人は自分のことに忙しく、他人のことまでかまっているヒマはないのだ。

③他人の目に映る本当の姿

自己像の第3のパートは、他人があなたをどのように見ているかということだ。

自分の能力は社内の平均レベルだと自分では思っていても、周囲の人から抜群に仕事ができると思われていたことに気づいて驚くこともある。逆に、自分は優秀だと思っていても、周囲の人から平均以下だと思われていたことに気づいて驚くこともあるだろう。

理想的なバランスは、自分のなかにある自己像と、自分が考える「他人から見た自分」と、実際の「他人から見た自分」が、すべて調和している状態だ。

この調和が実現されると、自分のなかにある自己像と、他人から見た自分の姿、他人の自分への接し方が完全に一致することになる。

■自己像と自己理想の調和が成長の鍵

ここで、すばらしい発見を教えよう。自分をどれだけ好きかということと、自己像と自己理想がどれくらい一致しているかということのあいだには、直接的な関係がある。

理想の自分がしそうなこと、理想の自分にふさわしいことをするたびに、あなたの自己像は向上する。自分が前より好きになる。より幸せになり、自信も高まる。その結果、さらにやる気がわいてきて、前よりさらに理想の自分に近いふるまいをしようと頑張る。

自分の仕事についてマネジャーから具体的にほめられると、ほめられることはたいてい理想の自分のイメージとも合致しているので、その人の自己像は向上する。自分が認められた、承認されたと感じることができる。その結果、さらに気分がよくなり、自信も高まり、この先もさらにいい仕事をしようという気持ちがわいてくる。

マネジャーが部下をどう扱うかということも、部下の自己像に大きな影響を与える。子どものころのことを思い出してみよう。私たちは両親の顔色をうかがいながら、自分はいい子か、求められているか、頭がいいか、この世の中で安全に暮らしていけるか、ということを判断していた。

大人になってからは、その場所が家庭から職場に移動し、上司が親の役割を果たすようになる。今度は上司の顔色をうかがい、自分の価値を判断する。

だから、上司が部下の自己像に大きな影響力をもつのも当然だ。自己像に影響を与えるのだから、部下のパフォーマンスにも影響を与える。上司から優秀な社員として扱われる部下は、自己像が向上し、さらに前向きになって能力を発揮するようになる。

自尊心が高められると結果につながる

自尊心は自己像の3つめのパートだ。人間の性格の核になるのは自尊心で、その人が抱く気持ちや感情が、性格の中核になっている。自尊心の高い人は、職場で前向きで、元気があり、創造的で、生産的な社員になる。逆に自尊心の低い人は、いつも劣等感にさいなまれ、自信がなく、不安を抱き、心が安定しない。

自尊心を一番わかりやすく定義すると、「自分をどれくらい好きか」となる。

自分を好きになるほど、他人のことも好きになる。そして他人を好きになるほど、他人もあなたを好きになる。他人を好きになるほど優秀なチームプレーヤーになる。自分を好きになるほど、仕事の能力も向上し、さらによい結果を出せるようになる。

人格が成熟するのを妨げる最大の障害は、自分を好きになれないという気持ちをおいてほかにない。子どものころの経験、とくに両親からの扱われ方によって、根強い劣等感を抱いたまま成長してしまうことがよくある。成長期の経験は自尊心の形成に大きな影響を与える。こうした自尊心が形成されるしくみを知れば、職場で部下の自尊心を高めることに応用できる。このことについては次章でさらに詳しく説明しよう。

■自尊心と自己効力感の関係

自尊心と「自己効力感」のあいだには、直接的な関係がある。

仕事をする自分が好きになるほど、仕事の能力も向上する。そして仕事の能力が向上するほど、さらに自分のことが好きになる。仕事に役立つ知識やスキルを学び、仕事の能力がさらに向上するたびに、自己効力感が向上するだけでなく、同時に自尊心も向上する。

どんな人でも、役に立つ存在でありたいという欲求を心の奥底にもっている。自分は優秀で、仕事を立派にこなす能力があり、目標を達成できると思いたいのだ。

私たちは一生を通じて、達成感にもとづく「自己効力感」を手に入れることをめざしている。実際、自分は仕事ができると心の底から信じることができる人だけが、自分に自信をもち、自分を好きになれるのだ。

自分から見た自分、つまり自己像と、いつか達成したいと思っている理想の自分、つまり自己理想とのあいだには、直接的な関係がある。日々の自分の言動が理想の自分に近づいていていると感じるほど、自分のことが好きになり、自分の価値を認め、自分を大切にし、すべての面において性格が前向きになる。

このように、人の性格はさまざまな異なった側面がたがいに結びついている。したがって、優秀なチームをつくりたいと思っているマネジャーのもっとも大切な仕事は、チームのメンバーの自尊心、自己像、自己理想を、つねに向上させるように努めることである。

最高のパフォーマンスを発揮する職場をつくる

以上のことを踏まえ、最高のパフォーマンスを発揮する部下を育て、最高のパフォーマンスを発揮できるチームと職場環境をつくるには、次の3つのことが必要になる。

1メンバーのすべてが、会社の価値、ビジョン、ミッション、目的、目標をきちんと理解し、忠実に守る。それを実現させるのは、マネジャーの大切な役割だ。

2マネジャーであるあなたは、すべての部下が前向きな自己像をもてるよう、つねに努力しなければならない。部下全員が、「自分はチームにとって大切な存在で、価値があり、能力があり、つねに成長している」と思わなければならない。

3マネジャーであるあなたは、つねに部下の自尊心の基礎を築き、さらに高めるよう努力しなければならない。あなたの接し方によって、部下がさらに自分自身を好きにならなければならない。

すべての言動が大きな意味をもつ。マネジャーであるあなたの言葉は、部下に対して大きな影響力をもっているのだ。あなたの言葉一つで、部下は自信が高まったり、自信を喪失したりする。部下の目に映るあなたの態度は、中立的であることはありえない。あなたと部下が接するたびに、何らかの感情がわきあがることになる。

あなたは、部下に対して影響力をもっているのだ。あなたが何かを言うたびに、それが前向きなことであっても否定的なことであっても、部下はただちに影響を受ける。その影響は、長期にわたって続くことも多い。

状況を変えたいと思ったら、方法は4つしかないという話を覚えているだろうか。

よい結果が出ている行動をさらに増やす。

よい結果が出ていない行動を減らす。

現在やっていない行動をはじめる。

そして、ためにならない行動をやめる。


この4つだ。どんな職場でも、マネジャーはこの4つをつねに念頭に置き、毎日自分にこうたずねなければならない。

「私はどの行動を増やすべきか。どの行動を減らすべきか。どの行動をはじめるべきか。どの行動をやめるべきか」

マネジャーであるあなたは、人の潜在意識というコンピュータのマスタープログラムは自己概念だということを知らなければならない。あなたの言動のすべてが、部下の自己像に刺激を与えるか磨きをかける。あなたの言葉と態度は、部下のパフォーマンスを高めるか、または損なうか、必ずどちらかの結果につながる。

だから、つねに自分の思考と言動に気を配り、それらが部下に与える影響を自覚すれば、あなたはマネジャーとして成長し、いつも最高のパフォーマンスを発揮するチームを育てることができる。

アクションエクササイズ

1 マネジャーとしての仕事を妨げていると感じる自分の言動を1つ選び、それを完全にやめると決心する。

2 マネジャーに必要な資質のうち、自分がもっとも身につけたいと思うものを3つ選ぶ。それらの資質を身につけるために、日々の生活でできることは何か。

3 会社の未来を考え、明確で、胸が躍るようなビジョンを描く。会社のビジネスについて「なぜ」の部分を考える。なぜこのビジネスをするのか。このビジネスの目的は何か。

4 部下全員に対して前向きな期待を抱き、それを言動で表現する。部下たちが優秀であること、すばらしい仕事をしていることをきちんと伝える。

5 部下をビジネスの成功に欠かせない存在として扱うことで、彼らの自尊心を育む。

6 職場で愛情にあふれた親のような役割を果たす。部下全員に対して、「いい子だね」「生まれてきてくれてありがとう」という気持ちで接する。

7 部下の成功体験、得意分野、ビジネスへの貢献をくり返し指摘することで、部下の自己像を向上させる。

第3章 部下に自己重要感をもたせる

幸せになるためのもっとも確実な方法は、周囲の人たちを幸せにすることだ。

――マーティン・ルーサー・キング
（アメリカの宗教指導者）

すでに述べたように、部下が最高の状態で働くようにモチベーションを高める鍵は、彼らの自尊心を高めることだ。誰もが、より速く、よりよく仕事をする無限の潜在能力を秘めている。そして問題を解決し、障害を克服し、ビジネスの目標を達成するための莫大な創造性をもっている。

あなたのチームの知識労働者は、外側からではなく内面からモチベーションを高める。だから、彼らがもっとも力を発揮するのは、最高の状態で働きたいと思うときだ。あなたがじかに彼らのモチベーションを高めるというわけではない。彼らのモチベーションが自然に高まる環境をつくることが、あなたの役割なのだ。

リーダーが職場の雰囲気を決める

リーダーは組織でもっとも重要な人物である。職場での話し方やふるまい方、人との接し方のパターンを決めているのはリーダーだからだ。部下は人との接し方を含めてリーダーの真似をする傾向がある。そのためリーダーが部下に礼儀正しく敬意をもって接すれば、やがて誰もが仕事仲間に対して同じように礼儀と敬意をもって接するようになる。

リーダーが部下の自尊心を高めるために実践できる具体的な行動がいくつかある。

あなたが部下の自尊心を高めるだけでなく、仕事に全身全霊を傾けるのを妨げている恐怖心を取り除くために時間をかけて努力するなら、春になって花が咲き乱れるように、最高の労働環境が自然と形成される。

そしてどんな状況でも改善する方法は4つしかないことを覚えておこう。

すなわち、第1章で紹介した①特定のことをもっとする、②特定のことをなるべくしない、③したことのない新しいことをする、④特定のことをするのをやめる、である。

くわえて人々の自尊心を高めるために、職場でしないように気をつけるべきことが3つある。相手のふるまいに対する批判、不平、非難である。

破壊的な批判が人をダメにする

中性子爆弾と呼ばれる核兵器がある。この爆弾はビルが密集している地域で大きな殺傷力を発揮する。中性子爆弾と通常の核爆弾の違いは、中性子爆弾はビルを破壊せずに中にいる人たちを殺すことだ。

破壊的な批判は中性子爆弾に似ている。人体を破壊せずに人格を破壊してしまうからだ。破壊的な批判は低い自尊心や貧弱な自己像、劣等感、不幸などの根本原因となる。見た目は普通に行動しているようでも、心は深く傷ついているのだ。

大人になって経験する問題のほとんどすべてが、子どものころの破壊的な批判に由来している。子どもは親から「悪い子だ、無能だ、頼りにならない、信頼できない、ウソつきだ」とくり返し言われると、自分の心をそれらの攻撃から守るすべがない。子どもの幼い心はそれらの批判を絶対的な真実として受け止め、自己像と世界観のなかに永久に組み入れる。だから不安と恐怖にさいなまれている情緒不安定な大人を見たら、子どものころに親からひどいことを言われて打ちのめされた経験があると考えて間違いない。

多くの親は自分の言葉のもつ破壊力を知らない。どの親もわが子が幸せで自信のある大人に成長してほしいと願っているが、自分の日ごろの批判的な言葉がわが子の自尊心と自信を大きく損ない、社会に出てから成功するのを妨げる原因になっていることを理解していないのだ。

■なぜ子どもはウソをつくのか

私の子どもたちがまだ幼かったころ、妻と私は子どもが必ずしも真実を言うとはかぎらないことに気づいた。どの親も経験することだが、子どもは適当にウソを交えながら話をする。もしそれに気づいたら、自分の子育ての方法を疑問視すべきだ。

ある日、私たちは雑誌で子育ての記事を読んでいて、「もし子どもがウソをつくなら、真実を言えない状況に追い込んだのは誰か?」という問いかけを見つけた。

妻と私は子どものころ、批判的な親によっていつもがみがみ言われながら育った。だから先の問いかけを読んだとき、私たちは「親の間違ったしつけが子どもをダメにする」という格言を思い出した。子どもが間違ったことをしたと思ったら、こっぴどく罵倒する癖がついていたのだ。それに気づいた瞬間、親の代から受け継いだ怒り、自己防衛、ウソつきという悪循環を断ち切ることを決意した。

私たちは2人の幼い子どもといっしょに座り、二度ときついことを言わないと誓った。そして、真実を言っても絶対に叱ったりせずにいつも支援することを約束した。

■子どもは大人を試そうとする

だが、子どもたちは親の約束を疑ってかかった。そして、差しさわりのないことを言って私たちを試した。だが、私たちはしっかり約束を守った。どんなミスをしたときでも絶対に批判せず、真実を言ったことをほめるようにした。その結果、2、3カ月もしないうちに日常生活のほとんどのことについて真実を言うようになり、それが彼らの性格として定着した。やがて仲間内でもっとも正直な子と評価されるようになった。

現在、彼らはすでに大人になり、正直で誠実な人間という評価を確立している。自分の思っていることをいつも冷静沈着に話す。誰に対しても同じように率直な話し方をする。相手の地位や身分に関係なく、見知らぬ人と会って話すことに恐怖心をもつこともない。

私たちは何についても絶対に批判しないことによって、子どもの思考、感情、行動を阻害する恐怖心を取り除くことができた。このアドバイスは部下についても同じように当てはまる。もし彼らが真実を言わないなら、誰がそういう状況に追い込んだのか。

今後、真実を言って処罰されることは絶対にないことを会社の方針として打ち出そう。

どんな悪い知らせでも、会社の者同士がいつも心を開いて正直になることを奨励しよう。

マネジャーがしてはいけない3つのこと

①部下を批判しない

マネジャーとして部下のもっともいいところを引き出すためにできる第一歩は、破壊的な批判を絶対にしないことだ。どんな理由があろうと、部下を批判し、侮辱し、攻撃し、軽蔑しないと決意しよう。そして、どんなことがあっても、部下のよいところを探すことを心がけるのだ。

すでに知っているとおり、楽観主義者はコップに水が半分も入っていると考え、悲観主義者はコップに半分しか水が入っていないと考える。同様に、もっとも有能なマネジャーは問題を解決できると考え、困難を克服しようと努めるのに対し、最悪のマネジャーは問題が発生したら誰のせいでそうなったのかと考えて批判を開始する。

目の前の問題に固執して部下を批判するのではなく、その問題をどう解決すればいいかを考えよう。問題から解決策に視点を移し替えるだけで、すぐに悲観主義者から楽観主義者へと変身することができる。

家庭でも職場でも、人間関係に最大の影響を与えるふるまいに関して1つの決定をするとすれば、どんなことに対しても相手を批判しないと今すぐに決意することだ。

口をすべらせてしまうこともあるかもしれないが、そんなときはすぐに発言を撤回し、本人に向かって「私は自分の言ったことに対して謝罪する。あんなことを言うべきではなかった。言い訳はしない。謝罪を受け入れてほしい」と言おう。これはかなりの勇気を必要とするが、この単純な発言が険悪な雰囲気を和らげて関係修復に役立つ。

②不平を言わない

マネジャーとしてやめるべきことの２つめは、どんな理由があろうと、不平を言うことだ。長年にわたり研修を通じて大勢の人と接してわかったのは、たくさん不平を言う人は、たくさん不平を言う親に育てられているケースが多いということだ。

子どもは自分を管理している親の真似をするから、不平を言うことが不満や不幸を感じているときの自然な反応だと思い込んでいる。そして大人になってからも、どんなことでもたえず不平を言うようになる。

そういう人は不平を競い合う癖がついている。つまり、会話をしていて誰かが不平を言うと、自分はもっと不平を言うのだ。不平の対象は健康やお金、仕事などだが、とくに周囲の人について不平を言うことが多い。

不平を言う人は不平の対象となる物事や人をつねに探している。類は友を呼ぶということわざのとおり、彼らは自分と同じように不平を言う人と付き合う傾向がある。職場でいっしょに世間話をし、仕事が終われば愚痴を言い合う。不平を言うことが人間関係と会話の基本になっているのだ。

不平と前述の批判に共通する問題は、自分を被害者と位置づけていることだ。不平を言うとき、あなたは「ひどい話だ。私は被害者だ。私の身に起こったことを聞いてくれ」と主張している。

不平を言うことで、あなたは自分自身を弱体化させている。なぜなら、自分の心のなかに劣等感を植えつけ、怒りと憤りを感じるあまりネガティブな気分になって自分に自信がもてなくなり、自尊心を低下させるからだ。不平を言うと、不平の対象よりも自分自身を傷つけることになる。一方、不平の対象になっている人は何の影響も受けない。

マネジャーとして何かに不満を抱いているなら、それを相手にじかに伝えて状況の改善のために話し合うべきだ。ただし、そのときに不平を言うのではなく、感情を交えずに冷静かつ客観的に話すよう配慮しなければならない。そして相手と自分が問題の解決に向けすべきことについてアイデアを求めるのだ。

③部下を非難しない

あなたがマネジャーとしてやめるべきことの3つめは、どんな理由があろうと、会社の内でも外でも部下を非難することだ。部下を非難するとき、たいていその人がいないところでするが、聞かされている人はやる気をなくすし、非難の対象になっている人はいずれ尾ひれがついた形でそれを耳にして、めぐりめぐってあなたを悩ませることになる。これは人間の世界の法則であり、避けることはほとんどできない。

　この戒めはライバル社や顧客について話すときでも同じくらい重要だ。ライバル社を非難するのではなく、何らかの分野で成功しているならそれを賞賛し、彼らよりもさらによい製品やサービスを提供する方法を探そう。どんな理由があろうと、他人を非難してはいけない。そのエネルギーを問題の解決に向け、不満の原因を取り除くことを心がけよう。

人の自尊心を高める6つの方法

　人は満たしたい欲求を潜在意識のなかにもっている。そのなかでも核心ともいえるもっとも根源的な欲求は、自分の自尊心を高めることだ。自尊心とは、自分が尊敬される価値のある存在だと感じることである。会社員の場合、それは自分の仕事と収入に最大の影響をおよぼす上司に好かれて大切にされることだ。

　ひと言でいえば、人は自分が重要な存在だと感じたいのである。あなたがマネジャーとして部下の自尊心を高めるためにできることは、大きく分けて6つある。

①無条件で受け入れる

自尊心を高める1つめの方法は、部下を無条件で受け入れることである。

人はみな、幼いころから、人生でもっとも大切な人たちに無条件で受け入れられたいという根源的な無意識の欲求をもっている。周囲の人に受け入れられれば、安心を得て自信を深め、自分の気持ちを正直に表現することができる。

社会学者によると、他者に受け入れてもらえないこと、つまり拒絶されることが、社会に不満を抱えて生きている人たちの問題の根本原因だという。反社会的な行動をとる人たちは、自分を認めてくれない人たちに受け入れてもらおうと必死にもがいているのだ。

わが子への最高の贈り物は無償の愛である。子どもが何をして、何を言おうと、無条件で愛そう。あなたの愛は交渉によって決まるのではなく、つねに100パーセントだ。子どもにとって人生でもっとも大切な人に無条件で受け入れられているのを知ることほど、自信と安心につながるものはない。

それこそが、幸せで健全で自信にあふれた大人に成長するための精神的な基盤となる。

・部下にほほ笑む

家庭であれ職場であれ、自分が接するすべての人を無条件で受け入れたなら、あなたはすぐにこの世でもっとも人気のある人の仲間入りをすることができる。では、相手を無条件で受け入れるにはどうすればいいか。

ほほ笑むことだ。それだけでいい。しかめっ面をするよりほほ笑むほうが使う筋肉ははるかに少ない。ほほ笑むのに必要な筋肉は13しかないが、しかめっ面をするのに必要な筋肉は112もある。誠実で温かい気持ちで相手にほほ笑みかけるとき、あなたは相手が魅力的で好感のもてる人物であることを伝えている。

たった1回ほほ笑むだけで、相手が悲観的で不幸な人物から一瞬にして楽観的で幸せな人物に変貌をとげることもあるほどだ。

ほほ笑みには大きな力が秘められている。実際、長期にわたる結婚生活や人間関係の多くは、たった1回ほほ笑みを交わすことからはじまっている。「目が合ったときに、この人とずっと付き合うことになると思った」というのを聞いたことがあるはずだ。

ほほ笑むことには多くの利点がある。ほほ笑むと脳のなかにエンドルフィンが放出される。エンドルフィンは「天然のドラッグ」と呼ばれる内因性モルヒネ様物質で、幸福感を高め、創造性を育む。ほほ笑むと周囲の人からの好感度がアップする。

人気があって影響力のある人は、出会って挨拶を交わすときに心をこめて誠実な気持ちでほほ笑む人である。

②部下に感謝の意を伝える

自尊心を高める2つめの方法は、感謝の意を伝えることである。

人は自分のしたことや言ったことに感謝してほしいという欲求をもっている。感謝の意を伝えることは、相手の価値を認めることだ。人は感謝されたら自尊心を高め、自信を深め、自己像を改善する。他人に感謝すればするほど、その人は感謝の対象となった行為をくり返し、しかももっと感謝してもらうために次回はもっとうまくやろうとする。このように、感謝への欲求は満杯にできない井戸のようなものだ。

感謝の意を伝えるもっとも簡単な方法は、部下が何かをしてくれたら「ありがとう」と言うことである。ほほ笑むことと同様、「ありがとう」と言うことによってあなたの脳のなかにエンドルフィンが放出され、それを聞いた人の脳のなかにもエンドルフィンが放出される。ささいなことでも相手に感謝すると、その人はより大きなことをしてあなたをもっと喜ばせようとする。

③愛想のよい人になる

部下の自尊心を高める3つめの方法は、愛想のよい人になることである。

明るくポジティブなマネジャーになると、あなたの存在は暖かい光のように広がり、職場全体を包み込む。人がくつろいで幸せになり、気分よく仕事に取り組める環境になる。

人に「どんな店で買い物をしたいか?」と問えば、「愛想のよい店」という答えが返ってくるはずだ。たいていの人が「どこの店で買ってもいいが、できれば愛想のよい店で買い物をしたい」と言う。

愛想のよい店とは、愛想のよい人が働く職場のことだ。愛想のよい人はいつも明るく接してくれるから、いつ会っても楽しい気分にさせてくれる。しかも、自分が重要な存在だと感じさせてくれるから、感情的なつながりができて何度でも買い物をしたくなる。

多くの人は子どものころに拒絶されることの恐怖を体験し、それが潜在意識に染みついているから、愛想のよい人に親しみを感じていっしょにいたくなる。愛想がよい人は自己主張をするときでも喧嘩をせずに穏やかに接する。愛想のよさは人間同士の会話とふれ合いの潤滑油だ。

私は10年、20年、30年と仕事を通じて付き合っている友人が何人かいるが、振り返ってみると、一度も口論したことがない。複雑な取引を何度も経験し、成功したこともあれば成功しなかったこともある。何時間も議論と交渉をしてきたが、一度も喧嘩にならなかった。

・異なる意見を愛想よく言う

社会人として成功する鍵の1つは、意見が合わなくても無愛想になってはいけないということだ。言い換えれば、意見が合わないときは、愛想よくしながら反論する、ということだ。人は同じことに対して異なる見解をもつ。しかしだからといって、感情的になったり相手をやり込めようとしたりする必要はない。無理やり意見を押しつけたところで、相手の意見はたいてい変わらず同じである。

仕事でもっとも成功する人は、誰かと議論をするときに如才なくふるまう。相手を不快にさせるような言動を慎み、いつも愛想よく接する。

あなたは相手と異なる見解をもつ状況に遭遇したらどうするか。もし相手の意見が完全に間違っていると思ったら、あなたはどうするか。

愛想よく異なる意見を言えばいいのだ。異なる見解を処理する1つの方法は、冷静になって相手の立場に立つことである。相手が間違っていることを主張したら、口論をはじめるのではなく、穏やかな口調で「なぜそう思われるのですか?」と質問しよう。

もう1つの方法は、第三者的な立場をとることである。

つまり、自分の意見を第三者の口を借りるような表現の仕方で表明するのだ。たとえば、「それは興味深い考え方ですが、もしお客さんが理由をたずねてきたら、どんなふうに説明しますか?」という具合である。

・反対意見は第三者の意見として言う

ITT(国際電話電信会社)のハワード・ジェニーン元社長は「ビジネスにおける最大の問題はエゴイズムだ」と指摘している。人は何らかの意見を言うとき、それが正しくても間違っていても、自分の立場を守ろうというエゴが働きやすい。完全に間違っているときでも、立場を守ろうとして自分の意見に固執して、意見を変えようとしなくなる。

ただし、あなたがその場にいない人の口を利用して意見を表明すれば、相手は自分の意見を変えやすくなる。第三者の意見を考慮するときはエゴが働きにくくなるからだ。

長年の経験と研究の末に、「魅力的」といわれる人は議論好きな人よりもはるかに大きな影響力と説得力をもつことがわかった。

もしあなたが魅力的な人になりたいなら、いつも快活で礼儀正しくして、意見を主張するのではなく質問をするといい。そしてその答えにじっくり耳を傾けることだ。

どんな状況でも魅力的な人になると決意しよう。冷静で友好的で落ち着いた人になろう。ポジティブで快活で愛想のよい人になろう。人々が話しかけやすく、いっしょにいたくなる人になろう。

人を気分よくさせればさせるほど、彼らはあなたの影響を受けて賛成するようになる。試してみれば、その効果の大きさに気づくはずだ。

④部下をひんぱんに賞賛しよう

あなたのマネジャーとしての目標は、部下の自尊心を高めて「自分は重要な存在だ」と感じさせることである。そのための4つめの方法が、部下を賞賛することだ。

それには相手の資質、業績、所有物を賞賛すればいい。「人はみな賞賛されるのが好きだ」というリンカーン大統領の言葉を覚えておこう。

仕事であれプライベートであれ、誠実な気持ちで相手の何かを賞賛する方法をいつも探そう。ほとんどの人は服やアクセサリー、車、本などを買うときにじっくり考えてから買うため、それに気づいて賞賛すれば、すぐに相手を幸せな気分にすることができる。

相手の外見的な変化に注目して、「いいネクタイですね」「綺麗なドレスですね」とか、それ以外にも「いいカバンですね」「素敵な携帯電話ですね」「かっこいい車ですね」などといくらでも賞賛することができる。人を賞賛することは簡単なのだ。

とくに思い入れのあるものを賞賛されると、相手はその瞬間にあなたを好意的に見るようになり、心を開いてあなたの主張を受け入れる。それまで心のなかで抵抗を感じていたとしても、賞賛の言葉を聞いた瞬間に態度を和らげる。

賞賛することによって、彼らの自尊心を高めて気分よくさせることができ、あなたをすぐに好きになって協力しようという気持ちにさせる。

⑤あらゆる機会を利用して人をほめる

自尊心を高める5つめの方法は、ほめることだ。人はほめられると、人間のもっとも根源的な欲求の1つを満たすことができる。努力や業績に対するほめ言葉は相手を気分よくさせ、相手に「自分は重要な存在だ」と感じさせることができるのだ。ほめられればほめられるほど、相手はその行動をくり返すようになる。

ほめ言葉の力を最大限に活用するうえで知っておくべきことの1つは、入念に考えて用意周到に行わなければならないということだ。たとえば、相手にポジティブな行動をしてほしいなら、相手がそうするたびにそれに気づいてほめなければならない。

いつも会議に遅刻する部下がいたとしよう。しかし、その場合でも批判するのではなく、相手が時間どおりに来たときにはそれに気づいて、「定刻に来てくれてありがとう。あなたが出席することはとても大きな意味をもっている」とほめるのだ。

ポジティブな行動をくり返しほめると、精神医学者のフロイトが言うように、人は「苦痛から快楽への移行」を開始する。つまり、ネガティブな行動からポジティブな行動に転換して、やがてネガティブな行動を完全にやめるようになる。

相手のポジティブな行動をほめるときは、その直後にほめなければならない。直後にほめることによって、相手に最大の影響をおよぼし、その行動をくり返したいと思わせることができる。もし誰かが期日までに仕上げるために一生懸命に働いたとして、それを数週間後にほめてもあまり効果はない。しかし、その日のうちに電話やメールで感謝の気持ちを伝えたなら、相手の今後の行動に大きな影響を与えることになるだろう。

・ほめることで相手を動かす

ある晩、私は妻といっしょに高級レストランに食事に出かけた。案内役の女性はあまり感じのいいタイプではなかった。彼女はキッチンのドア近くのテーブルを指さしたが、私はレストランのなかを見渡して「あそこのテーブルにしてほしい」と頼んだ。

彼女は無愛想な表情で「あまりおすすめしませんよ。あのテーブルを担当しているヘンリーというウエイターは愛想がよくありませんから」と言った。

私たちが「いいえ、大丈夫です。あそこの席にしてください」と言うと、彼女は私たちをそこまで案内してメニューを無造作にテーブルに置き、さっさと立ち去った。

そのあと、そのウエイターがテーブルに来て「何にしましょうか？」と言ったとき、私は「あなたがヘンリーですか？」とたずねた。

すると彼は、「ええ、そうですが」と答えた。

そこで私は、「私たちはとても幸運です」と言った。

「知り合いが先週この場所で食事をしたのですが、あなたのことをほめていましたよ。今日、あなたにお目にかかれてうれしいです」と続けた。

ヘンリーは驚いて「誰がそんなことを言ったのですか？」とたずねた。

私は「誰でしたかね。名前は思い出せないのですが、あなたがこのレストランで最高のウエイターだと言っていましたよ」とつけ加えた。

ここで質問しよう。その晩、私たち夫婦は彼からどんなサービスを受けただろうか？

もちろん、手厚いサービスだった。立ち去るとき、案内役の女性に「ヘンリーは最高のウエイターですね」と告げると、彼女は不思議そうな表情を浮かべていた。

イギリスの政治家チャーチルは「他人に美徳を発揮してほしいなら、それがその人のなかにすでにあると想定しなければならない」と言った。

他人のふるまいや仕事ぶりをほめれば、あなたはその人の心に火をつけて、さらにもっといい仕事をしようという気にさせる。なぜなら、その人はあなたをがっかりさせたくないと思うからだ。

息子のデイビッドは幼いころ、少し内気で新しいことをやって失敗するのを恐れていた。そこで私は、「おまえのことはよくわかっている。おまえは絶対にあきらめない子だ。デイビッド、おまえは絶対にあきらめない子だ」と言った。来る日も来る日もそう言った。

このやり方は効果抜群だった。数週間後、彼は勇気と決意にあふれてきた。いったん何かをはじめると、最後までやり抜いた。途中であきらめて投げ出さなくなったのだ。

現在、彼はすでに大人になっているが、何事にも動じず、絶対にあきらめない。そして口癖のように「ぼくは絶対にあきらめない」と言っている。

・あえて人前でほめる

部下をほめるうえで効果的な方法をもう1つ紹介しよう。人前でほめるのだ。部下がすばらしい仕事をしたなら、自分の上司のところに連れていって自慢しよう。

たとえば、「とても困難で厄介な業務なのですが、頑張ってすばらしい仕事をしてくれました」と言って自分の上司の前でほめるのだ。部下はいつまでもそれを忘れない。

部下をほめるもう1つの方法は、それを定例会議で行うことである。議題に入る前に、前回の会議以降にすばらしい仕事をした部下を選んでほめるのだ。どういう仕事をしたのかをできるだけ詳しく説明し、その重要性を指摘しよう。そのうえで、自分から拍手をして他の出席者たちの拍手を促すのだ。

部下を人前でほめると、本人はずっと覚えている。そしてさらに認められようとして、ほめてもらった働きぶりを続けようと努力する。ひんぱんにほめて部下の自尊心を高めれば、部下は気分をよくしてモチベーションを高め、ますますいい仕事をするようになる。

⑥部下の話に耳を傾ける

部下に「自分は重要な存在だ」と感じさせるためのおそらくもっとも効果的な方法は、部下の話に耳を傾けることで、これが部下の自尊心を高めるための6つめの方法だ。

これを習慣化することは、家庭でも職場でも人間関係を改善する最高の方法である。相手の話に耳を傾けることは、相手の自尊心を高めるうえで不可欠な技術だからだ。

相手の話に耳を傾けるということは、相手に敬意を払うということである。相手を重要な存在だと思っているから、ひと言も聞き漏らさないようにと耳を傾ける。

マネジャーが犯す最大の間違いの1つは、部下との会話をほとんど独占することだ。とにかく自分を中心に考えて部下の話を途中でさえぎり、あまりよく聞かずに自分が言いたいことを主張する。自分に与えられた権限を自由に行使してもいいと思い込んでいるから、部下の話を軽く考えているのだ。

しかし、部下が話しているときに話をさえぎろうものなら、部下は「自分は重要な存在ではない」と感じる。これを人前でやってしまうと、自分の部下は重要な存在ではないという印象を周囲の人に与えることになる。しかも、あなたのそういう態度や気持ちは他の部下にも伝わり、悪循環がはじまって職場全体に不満がたまる結果になる。

・自分の発言を少なくする

マネジャーになりたてのころ、私は会議を自分の考えや意見、助言を前面に押し出す機会だと思い込んでいたので、部下たちには発言の機会をほとんど与えなかった。すると、そのうち部下たちは会議のあいだずっと黙って座っているだけになり、たまに発言するときはひと言かふた言しゃべるだけで、会議が終わると黙って立ち去った。

やがて私は職権を乱用していることに気づいた。それだけでなく、部下たちの時間を浪費し、彼らの仕事の効率を落としていることも知った。

そこで方針を180度転換し、自分の発言をできるだけ少なくして部下たちに発言の機会を与えて耳を傾けた。

現在、部下が話しはじめると、私は作業を中止して身を乗り出し、その話にじっくり耳を傾けている。うなずき、ほほ笑み、遠慮せずにもっと自分の意見を言うよう促している。ときにはメモを取り、質問をし、話が広がるようにしている。部下が自分のした仕事について話すと、私はいつもそれを人前でほめるようにしている。

こうして一人ひとりの部下に十分に配慮することによって、誰もが自分のアイデアを共有したいという気持ちになる。どの会議のあとでも、全員が幸せそうに笑みを浮かべ、エネルギーにあふれ、いっしょに打ち解けて話している。そのために必要なのは、自分の弁舌に酔いしれるのをやめて、部下の話に耳を傾けることだ。

効果的な聞き方のための4つの鍵

効果的な聞き方は、大昔からまったく変わらない。効果的な聞き方についてどれだけ多くの本や記事を読もうと、それは次の4つのテクニックに集約される。

①じっくり耳を傾ける

相手の話をさえぎらずに聞こう。身を乗り出し、相手のほうを向き、うなずき、ほほ笑み、愛想よくしよう。うなずいてほほ笑むとき、相手にもっと話を続けるよう促そう。

話にじっくり耳を傾けることは、部下の自尊心を高める強力な方法だ。誰かにじっくり耳を傾けてもらうと、とくにそれが重要な人である場合、電気皮膚反応（刺激に対する感情反応によって生じる皮膚の電気伝導の変化）が起こり、自尊心が高まり、脳がエンドルフィンを放出して幸せを感じ、「自分は重要な存在だ」と意識する。

最初のうちは、相手の話をさえぎらずにじっくり耳を傾けることは大きな努力を要する。しかし、じっくり耳を傾けることの利点に気づけば、それを実践するようになる。

②返事をする前に少し待つ

「会話の大半は自分の番を待つことだ」と言われるように、話を聞いているように見えても、ほとんどの人はあまり耳を傾けていない。人は自分の言いたいことを言うために相手が息継ぎをするのを待ち、その瞬間が訪れると、相手が言ったことをほとんど無視して自分の話をはじめる。あなたはこの悪い習慣を断ち切らなければならない。そこで、返事をする前に3秒から5秒ほど待つことを習慣にしよう。それには3つのメリットがある。

・相手が息継ぎをしてさらに話を続ける場合、相手の話をさえぎらずにすむ。

・相手の話の内容を熟考していることを伝えられる。相手の考え方だけでなく人間性をも尊重していることが伝わる。

・少し待つことによって、深いレベルで相手の話を聞くことができる。ほんの数秒待つだけで、相手のメッセージをよりよく理解することができる。ドラッカーは「会話で重要なのは、実際の発言内容ではなく、言外のメッセージだ」と言っている。

③明快さを求める質問をする

相手の発言の直後に自分の考えを述べるのではなく、少し待って深呼吸をし、「それは具体的にどういう意味ですか？」といった質問をしよう。

注意してほしい。会話の主導権を握っているのは、答えようとしている相手ではなく、相手に答えさせているあなたなのだ。しかも相手に質問することによって、あなたはふたたび耳を傾ける機会を得るので、相手の自尊心を高めることができる。

「相手の話を聞くことは信頼関係の構築に役立つ」というルールを覚えておこう。

相手の話をじっくり聞けば聞くほど、相手はあなたを好きになって信頼し、心を開いてあなたを受け入れようとする。それに対し、あなたが話せば話すほど、相手の話をさえぎることになり、相手はイライラして不満を募らせ、提案に対して心を開きにくくなる。

④自分の言葉でフィードバックする

これは相手の話をよく聞いているかどうかの厳密な検査である。相手の発言を自分の言葉で要約して相手にフィードバックするとき、あなたは話を真剣に聞いていることを伝えることができる。

ほとんどの人は相手の話を聞きながらうなずいてほほ笑む。それはそれで重要なのだが、さらに重要なのは相手の話の内容をよく咀嚼してくり返すことだ。その結果、相手は

「そうです。私の言いたいのはまさにそういうことです」と言い、自分の話をよく聞いてもらっていることを確信する。

自分の言葉をもっと意識する

この章で説明してきたことはすべて、あなたもときおり実践しているはずだ。

ただ問題は、「それを部下に対してどのくらいひんぱんに実践しているか」ということである。そこで、この章で紹介した部下の自尊心を高める６つの方法について、10段階評価で自己採点しよう。最低の点数しか取れていない項目が最大の課題である。

ただし、急にふるまいを変える必要はない。数日から数週間かけて自己評価を１段階か２段階ずつ上げればいい。そして自分のマネジャーとしての言動を振り返り、どうすれば部下の扱いがうまくなるかを検討しよう。

自分がほほ笑み、部下に感謝し、愛想よく接し、賞賛の気持ちを表現し、部下の話にじっくりと耳を傾けている姿を想像するとき、あなたは一人ひとりの部下に対して、そのように接するようにと潜在意識に働きかけている。

80対20の法則によると、あなたのすることの20パーセントがあなたの得る結果の80パーセントを占めるという。この場合、あなたのマネジャーとしてのふるまいの20パーセントが、部下に与える影響の80パーセントを占める。つまり、自分のふるまいを少し変えるだけで大きな効果が得られる、ということだ。

すべての部下に自己重要感をもたせることができれば、あなたはたちまち有能なマネジャーとなり、部下はますます業績をあげるだろう。

アクションエクササイズ

1 批判、不平、非難を自分の職場から排除する決意をしよう。
2 今後どんな問題や誤解が生じたときでも、「誰が悪いのか」ではなく「どうやって問題を解決して未来を切り開けばいいのか」というふうに発想を切り替えよう。
3 職場に到着したら、仕事をはじめる前に職場を回って一人ひとりにほほ笑みかけよう。
4 大小に関係なく、部下のするすべてのことに感謝する習慣を身につけよう。
5 どんなに忙しくても、面と向かってか、あるいはメールなり電話なりで部下の業績をほめることを心がけよう。
6 ひんぱんに部下の業績や装飾品などをほめて一人ひとりの自尊心を高めよう。
7 部下が話しかけてきたら、していることを中断し、じっくり話に耳を傾けよう。

第4章

部下の恐怖心を取り除く

われわれの後ろにあるもの、われわれの前にあるものは、
われわれのなかにあるものと比べると取るに足らない。

――ラルフ・ワルド・エマーソン
（アメリカの思想家）

人生のどの分野においても、成功、幸せ、高いパフォーマンス、生産性を妨げる最大の障害は、恐怖をおいてほかにない。

大昔から恐怖は人類最大の敵だった。人格が損なわれる最大の原因は恐怖であり、人間

関係が傷つけられる最大の原因も恐怖だ。問題が表に現れる形はさまざまだが、その根底に恐怖があることに変わりはない。心身を病む最大の原因も恐怖だ。だから恐怖を最小限に抑え、取り除くことが、心身ともに完全に機能し、幸せで、自己実現を達成した人物になる鍵である。

１９６０年代と70年代、日本の品質管理（ＱＣ運動）を促進したウィリアム・エドワーズ・デミング博士は、「恐怖心を取り除く」ことの大切さを強調している。デミングによると、恐怖に満ちた職場の対極に位置するのは、革新、創造性、自発性、活気に満ちていて、生産性が高まる職場だという。新しいことに挑戦するのを誰も恐れない職場では、すべての人が仕事をさらに向上させることに集中するという。

最高の職場には恐怖ではなく、信頼がある

「最高の職場」を構成する要素でもっとも大切なのは、おそらく「信頼」だ。「失敗しても大丈夫だ。失敗によって非難されたり、解雇されたりする心配はない」と安心できるような職場が、信頼のある職場といえる。

仕事の効率や品質、顧客サービスを高めるために必要なのは、何か新しいことに自由に挑戦できることだ。そんなとき人は、自分のすべてを仕事に集中している。自分の時間も

注意力もエネルギーも、すべて仕事を向上させることに注がれている。

心理学者エイブラハム・マズローは、自尊心と自己実現を「存在欲求」と呼んだ。人間はこの存在欲求を満たすことで、自分の潜在能力を存分に発揮し、可能なかぎり最高の自分になることができる。自分のなかから恐怖心を追い払えば、能力のかぎり最高に生産的な人物になることができる。

フレデリック・ハーズバーグは、マネジメントの「X理論」と「Y理論」に関する議論のなかで、衛生要因と成長要因をはっきりと区別している。衛生要因とは、いい給料、清潔で安全な職場、職の安定などであり、成長要因とは、おもしろくてやりがいのある仕事、いっしょに働きやすい同僚、そして最高の仕事が認められ、報われる職場環境などだ。そのような職場を別の言葉で表現すると、人々が最高の自分の潜在能力を発揮することを恐れない職場、批判されたり否定されたりする恐れのない職場と呼ぶことができる。

恐怖も不安もなく、新しいことに挑戦できる環境は、潜在能力を存分に発揮して、最高の自分になるのに不可欠な要素だ。

恐怖心は誰にでもある

恐怖心は誰にでもある。これは事実だ。そして、恐怖にはさまざまな形がある。

ただしその種類や大小、意識的なものか無意識的なものかにかかわらず、恐怖には1つの大きな共通点がある。それは人間から動きを奪うことだ。

人は恐怖を覚えると、体が麻痺したように動かなくなる。恐怖が忍び込んでくると、安心と安全の欲求を満たすために、人は即座に恐怖を最小限に抑えるか、避けようとする。恐怖を感じた人が考えるのは、恐怖を避けることだけだ。パフォーマンスと効率性を最大化しようとは考えない。

フロイトの研究は、自らが「快楽原則」と呼ぶ考え方が基本になっている。

フロイトによると、人間の行動はほぼすべて、快楽を追求し、苦痛を避けることが動機になっているという。自分を不幸にするもの、怖がらせるものからつねに逃げ、逆に幸せにしてくれるもの、いい気分にさせてくれるもののほうに向かっていく。これを別の言葉で言い換えると、私たちはつねに不快から快楽へと動いているということだ。

恐怖の正体を知る

ビジネスの世界では、部下の無限の可能性を引き出すのはマネジャーの役割だ。そして、その役割でもっとも大切な仕事の1つは、職場からあらゆる恐怖を取り除くことだ。

恐怖を取り除くためには、まず恐怖の正体を知らなければならない。恐怖の種は、私たちの幼少期からすでにまかれている。そして成長過程において、性格の形成に影響を与える。マネジャーであるあなたは、恐怖のしくみを知り、そして自分の恐怖心も部下の恐怖心も最小限に抑える方法を知らなければならない。

私は戦略プランニングや個人の目標設定では、次の4つの質問をすることにしている。

1 われわれは今どこにいるか?
2 どうやってここにたどり着いたのか?
3 将来はどの場所にいたいのか?
4 その場所にはどうやって行けばいいのか?

この章の次のセクションでは、4つの質問のうちの「2 どうやってここにたどり着いたのか?」について見ていこう。恐怖がどこからやってきたのかを知り、その知識をマネジメントで生かす方法を学んでいく。

■恐怖心は後天的に植えつけられる

18世紀の哲学者デイビッド・ヒュームは、人は「タブラ・ラサ」の状態でこの世に生まれるという説を主張した。タブラ・ラサとは、白紙の状態を意味する。生まれながらの才能、能力、興味、傾向、潜在能力というのもたしかに存在するが、全体的な「性格」ということに関しては、人はみなまっさらな状態で生まれてくるという考え方だ。

生まれたばかりの赤ちゃんが感じる恐怖は、落ちる恐怖と、大きな音に対する恐怖だけだ。それ以外の恐怖心はまったくもっていない。大人が抱いているさまざまな恐怖心は、すべて成長過程で後天的に植えつけられたものだ。

恐怖心は学ばないと身につかない。生まれながらの恐怖心や遺伝的な恐怖心は存在しない。自分自身と周りの世界について、後天的に身につけた考え方や感じ方、それが恐怖心の正体だ。自分の恐怖は本物だと信じれば、恐怖に力を与えることになる。その力が、恐怖がもつ唯一の力だ。

人にはもともと恐怖心がない

どの赤ちゃんも、2つの驚くべき資質をもって生まれてくる。

1つは、恐怖心がまったくないということだ(前述したように、落ちる恐怖と大きな音に対する恐怖だけは例外だ)。赤ちゃんは、何でも触るし、何でも口に入れるし、どこにでも入り込もうとする。自動車が走る道路に飛び出していこうとするし、はしごを登ったり、ナイフをつかんだり、プールに飛び込んだりする。自分の命を脅かすようなことでも平気でする。小さな子どもは恐怖心をもっていない。

世の中には危ないことがあるということ、怪我をしたり、最悪の場合は死んでしまったりするかもしれないということを、まだ知らないからだ。「何だってできるよ」という子どもの態度を見れば、恐怖心がまったくないことがわかるだろう。

ほとんどの親にとって、子育ての最初の数年間は、子どもを危ない目にあわせないように奔走することで費やされる。親がちょっと目を離したすきに、子どもが道路に飛び出してしまったり、プールに落ちておぼれてしまったりといったニュースは、毎日のように目にしているだろう。子どもは危ないことをする。だから親たちは小さな子どもを1人だけにしないように、たえず注意しなければならない。子どものちょっとした失敗が重大な結果につながりかねないからだ。

生まれたばかりの赤ちゃんがもっているもう1つの資質は、いつも思ったとおりに行動すること、完全に「自発的」だということだ。自制心はまったくなく、どこまでも自然体でのびのびと好きなことをしている。赤ちゃんは好きなときに泣き、好きなときに笑い、好きなときにおむつを濡らす。食べ物を投げたくなったら投げる。やりたいことをして、泣きたいときに泣く。行動にコントロールはまったくない。

赤ちゃん用の高い椅子に座り、好き勝手に食べ物を投げながら、心から楽しそうに笑っている。どの親もそんな赤ちゃんの様子をよく覚えているだろう。だから子どもが小さいころは、掃除が本当にたいへんだ。子どものこのような態度は、「やりたくない！　やりたいことしかやらない！」という言葉によく表れている。

人が恐怖心を抱くようになるプロセス

ちなみに、心身ともに完全に機能している大人にとっても、まったく恐怖心がなくて好きなように動ける状態が、普通で自然な状態だ。実際、人の一生とは、恐怖という不快感から逃れ、完全に幸せでリラックスできる環境の快適さを求める旅だといってもいい。

大人になってからの最高の時間とは、家族や友人たちといっしょにいるときではないだろうか。愛する人たち、親しい人たちに囲まれ、完全にリラックスしてのびのびできる。何の不安もためらいもなく、好きなことを言い、好きなことをする。周囲の人たちに完全に愛され大切にされていることを知っているからだ。

そこでは、何をしても失敗ではないし、間違いでもない。批判される、否定される、非難されるといった恐怖を感じることなく、完全に自分自身でいられる。

■親が子どもをコントロールしようとするとき

子どもの自由な行動によって生じる問題や不便を最小限に抑えるために、親は子どもが小さいころからコントロールしようとする。親の生活は忙しく、仕事、友人、家族、家の外での活動などで頭がいっぱいになっている。

そのため、人生をシンプルにするもっとも手っ取り早い方法は、子どもを「しつける」ことだと考える。これは親にとって、無意識の決断だ。

私の両親の世代が子どもだった1930年代から40年代にかけては、「子どもの意思を折る」という育児法がもっとも広く信奉されていた。そしてこの考え方から、「子どもは聞くものではなく、見るものだ」「私の真似をするのではなく、私の言うとおりにしなさい」という表現が生まれた。

この育児法の根拠にあるのは、幼い子どもは犬や猫といったペットと同じであるという考え方だ。つねに監督し、監視し、正しい態度を身につけるように訓練しなければならない。正しい態度とは、「飼い主」である親にとって都合がいい態度、許容できる態度だ。

現代でも子どもをペットのように扱う親はたくさんいる。彼らは子どもと少しだけ言葉を交わし、あとは家のなかで遊びまわる子どもを野放しにしてテレビを見るだけだ。

■親が自分の親と同じようにふるまうとき

親というものは、自分の親とまったく同じように子どもと接するようになる。親にされたことを、自分の子どもにもするのだ。意識的に「変える」という強い決断をしないかぎり、このパターンから逃れることはできない。

否定的で、批判ばかりする親に育てられた人は、自分も否定的で、批判ばかりする親になる。他に子育てのお手本を知らないので、親のやり方が正常で自然だと思っているからだ。子育てというものに関しては、自分の育てられ方しか知らず、自分の育てられ方しか経験していないためである。

子どもに何かをやめさせるとき、親の口から最初に出る言葉は「ダメ！」だ。「ダメ！　やめなさい！　そっちに行っちゃダメ！」「さわっちゃダメ！」と彼らは言う。これらの禁止の言葉は、たいてい恐ろしい怒鳴り声とセットになっている。ときには体罰もセットになっていることもあるだろう。

そして、親が子どもを叱るのは、「子どものため」ということになっている。「危ないことをしようとしたら、叱りつけて制止すれば、子どもの理性が発達し、自分の行動についてもっとよく考えるようになる」と、親たちはたいていは深く考えることなく、信じているのである。

■子どもの心はどう反応するか

しかし幼い子どもというものは、100パーセント感情だけで動いている。正しいことと間違っていることの区別がつかず、いいことと悪いこと、安全なことと危険なことの区別もつかない。子どもに必要なのは愛だけだ。バラが水を欲しがるように、子どもは愛を求めている。

子どものもっとも大きな欲求は、安心、安全、そして両親から無条件に愛されることだ。両親がカッカと怒り、「ダメ！」「やめなさい！」などと叫びだしたら、子どもの心に残る感情は1つだけだ

「何か新しいもの触ったり、違ったことに挑戦したりするたびに、ママかパパに怒られる。きっとぼくが小さすぎて、何もできないからだろう」

子どもはごく小さなころから、「ダメ」「やめなさい」と言われつづけることで、自分のなかに無力感を育ててしまう。自分は新しいことに挑戦できない、違うことに挑戦できないと思い込んでいく。子どものなかには、「できない！　できない！」という言葉が深く根づくことになるだろう。

最初に根づくのは失敗することへの恐怖

子どもの心に根づく1つめの恐怖心は、失敗することへの恐怖だ。

親からの制止が厳しく、つねに「ダメ」「やめなさい」と言われていた子どもは、すぐに「失敗への恐怖」をもつようになる。失敗への恐怖は、大人になってからの成功、達

成、幸せを妨げる唯一にして最大の障害だ。

この思い込みがさらに深刻になると、大人になってから何か新しいことをしなければならなくなったときに、恐怖のあまり身動きがとれなくなってしまう。新しいことのなかにチャンスや可能性を見出すのではなく、すぐに自分が失敗する場面が頭に浮かび、周りからの否定的な反応のことを考えてしまうのだ。

大人にとって、自分には能力がないという恐怖は、新しいことに挑戦するのを妨げる最大の障害の1つになる。「もしうまくいかなかったら?」「もし挑戦して、失敗したら?」「もし挑戦して失敗したら、みんなから怒られるだろう。非難され否定されるだろう」と考え、その結果、安心と安全が妨げられることになる。

このパターンは心だけでなく身体にも影響を与える。影響を受けるのは、身体の前半分だ。たとえば、失敗の恐怖を感じると、最初に症状が出るのはみぞおちの部分だ。次に心臓の鼓動が速くなり、口のなかがカラカラに渇く。さらに恐怖がひどくなると、膀胱のしまりがゆるくなり、トイレに行きたくてたまらなくなる。頭痛がしたり、胃が気持ち悪くなったりする人も多い。

何か新しいこと、いつもと違うことに挑戦して失敗するところを想像しただけで、身体的な症状が現れ、夜も眠れないほど不安になる。それどころか、本当に病気になってしまうこともあるほどだ。

失敗することへの恐怖を取り除く

ネガティブなことを考えてしまったら、それをポジティブな思考に置き換えればいい。失敗の恐怖を取り除き、「できない！　できない！」という心の声を消す一番強力な方法は、「できる！」と宣言することだ。

「私はできる。私はできる！　やろうと思ったことは何でもできる！」というように。「できる」という言葉を何度もくり返せば、失敗への恐怖が小さくなり、代わりに自信が大きくなっていく。この魔法の言葉を何度も何度も唱えれば、子ども時代に植えつけられたネガティブなメッセージを消すことができる。あなたは、新しいあなたに生まれ変わる。自分で自分の性格を新しくつくっていくのだ。

私の両親は、いつも私の能力を否定していた。私はいつも、「おまえは何もできない」と言い聞かされていた。両親によると、私はいつもお金をなくし、時間を無駄遣いする。または、とにかく何かの失敗をするに決まっていた。私にそんなことを言ったのは、彼ら自身も恐怖を抱えていたからだ。自分のなかに深く根づいた失敗への恐怖や不安を、私にも伝えていたのである。私のなかに植えつけられた恐怖は、まだ完全には消えていない。今も消す努力を続けているところだ。

妻のバーバラとのあいだに4人の子どもを授かって、私たち夫婦は、子どもたちには逆のメッセージを伝えようという誓いを立てた。子どもたちが何か新しいことに挑戦しようとしたら、私たちの口から出る言葉は、「できるよ！　やろうと思ったことは何でもできる！」だけにしようと決めたのだ。

その甲斐あって、子どもたちはみな健全な自信をもった大人に成長してくれた。本当にやりたいことなら、かならずできると完全に信じている。失敗への恐怖が頭をよぎることなどめったにない。

■失敗は悪いことではないと伝える

マネジャーとしてもっとも大切な仕事の1つは、部下のなかにある失敗への恐怖を中和することだ。そのためには、失敗するのは悪いことではないと、部下に伝えなければならない。部下に仕事をまかせるときは、ベストを尽くせと励まし、たとえうまくできなくても、上司である自分はそれを教訓として受け止め、前に進んでいくとも伝えるのだ。

おもしろいことに、リーダーと呼ばれる人たちは、自分の失敗について一切口にしない。そもそもリーダーの頭のなかには、失敗という概念は存在しない。彼らは「失敗」という言葉は使わず、代わりに「勉強になった経験」「興味深いフィードバック」「目標にはおよばない結果」というような表現を使う。

「失敗」という言葉だけは絶対に使わない。リーダーの辞書に「失敗」という言葉は存在しない。ただ教訓があるだけだ。何か新しいことに挑戦するときは、たいてい最初はうまくいかないものだ。ときには、何度も失敗してしまうこともある。そんなとき、リーダーは失敗とは思わず、むしろ失敗はビジネスの一部であり、避けられないもの、必要なものとして受け入れている。

■失敗は勉強だと教える

私の会社で、誰かが仕事で失敗したり、予定外の出費が強いられるようなことをすると(たいてい出費は予定よりも増える)、私は何よりもまず、その人物に「私の責任です」と言うことを促している。いったん責任を引き受けてしまえば、もう言い訳をすることも、自分を弁護する必要もない。責任を認めれば、すでに起こってしまった問題は、過去のことになるからだ。

次に私は、「私たちはこの状況から何を学ぶことができるだろう」と質問をする。それから失敗した部下といっしょに、失敗について客観的に話し合う。まるで別の会社の他誰かの失敗であるかのように、状況をできるかぎり中立的な立場で眺める。失敗した状況をあらゆる角度から分析し、何か学べるものを探す。失敗から、私たちが将来にわたってより賢く、よりよい決定をくだせるようになるための教訓を見つけ出すのだ。

■未来を見つめるように促す

誰かが失敗したとき、恐怖を取り除くもっともよい方法の1つは、目の前の状況から離れ、未来に目を向ける表現を使うことだ。「次は」「将来は」「今後は」といった言葉だ。たとえば、「将来もまた同じ状況になったら、この方法ではなくてあの方法を使おう」「次に同じことが起こったら、もう二度と失敗をしないように、この方法を使おう」「今後、同じ状況になったら、この方法を使ってリスクを最小限に抑え、チャンスを最大限に広げよう」というようにである。

未来を表す表現のいいところは、それらの表現を使うたびに、批判を中和して、みんなの目を未来に向けさせられることだ。過去に起こったこと、もう変えようのないことについて誰かを批判しても、腹を立てたり、自分を弁護したり、恐怖を感じるだけだ。それだと相手は否定的な気分になり、恐怖心を抱く。そして、もう金輪際、新しいことには挑戦しないと決心する。リスクをとるのではなく、安全策を選ぶようになる。

失敗への批判が会社全体に広まるような環境であれば、すべての社員がすぐにこんな態度を身につけるだろう。

「この会社でうまくやっていきたかったら、みんなと同じことだけをしていよう」と。そして、新しいことには何も挑戦しなくなる。

■部下の失敗を歓迎する

失敗に対する恐怖心を取り除くもっともよい方法の1つは、マネジャーであるあなたが、実際に失敗を歓迎することだ。たとえば、誰かの失敗によって時間やコストが余計にかかってしまったとしよう。すでに失敗した本人と、その問題について前向き、かつ建設的に話し合っているのなら、次のミーティングでその失敗の話題を取りあげてみる。全員の前で失敗のいきさつを説明し、どれだけの損害があったかと指摘する。そこで、出席者の全員に、失敗した人への拍手を促すのである。

こうすれば、失敗を何かおめでたい出来事に変えることができる。失敗したのはそもそもリスクをとったからであり、リスクをとるのは賞賛に値する行為だ。失敗は呼吸と同じくらい自然なことだと言って、すべての人を安心させよう。

失敗は誰でもする。一番大切なのは、失敗をしないことではなく、失敗から学び、その教訓を将来に生かすことだ。マネジャーがこのような態度でいれば、部下たちの態度にも大きな影響を与える。失敗を恐れず、高いパフォーマンスを発揮するチームができあがる。

拒絶されることへの恐怖を取り除く

子どもの心に根づく大きな恐怖の2つめは、批判への恐怖、拒絶への恐怖だ。

子どもの勝手気ままな行動を制止しようとした親が、罰の一環として愛情や賞賛を与えなくなると、子どものなかにこの拒絶への恐怖が根づくことになる。

ある心理学者は、「大人になってからの問題は、すべて子ども時代に愛情を与えられなかったことに起因する」と言っている。子どもには愛が必要だ。子どもにとって親の愛情は、酸素と同じくらい欠かせないものだからだ。

無防備な幼い子どもがもっとも強く求めるのは、安心と安全だ。そして、子どもが安心と安全を感じるには、親から愛され、認められることが一番だ。何らかの理由によってこの愛と承認が与えられなくなると、それがどんなに短い期間であっても、子どもはすぐに不安と恐怖を覚えることになる。

■不安が刷り込まれる幼児体験とは

最初の子どもが生まれたとき、妻のバーバラと私は30冊以上の育児書をむさぼるように読んだ。あのとき幼い子どもの行動原理についてたくさんのことを学べたのは、本当によかったと思っている。

そのときに学んだ大切なことの1つは、たとえば赤ちゃんが夜泣きをする理由だ。お腹が空いたからかもしれないし、おむつが濡れたからかもしれないが、たいていの場合、赤ちゃんが夜泣きをするのは、この新しい世界で自分がどれくらい安全で、どれくらい安心できるかをたしかめるためだ。

赤ちゃんが泣きだしてから、親がやってきてあやしてくれるまでの時間は、赤ちゃんにとって自分がどれだけ安全かを知る根拠になる。しばらく泣いていても誰も来てくれなかったら、赤ちゃんは怖くなり、不安になる。この恐怖と不安は潜在意識のなかに刷り込まれ、大人になってからの恐怖と不安の原因になる。だから、赤ちゃんにはどんなに愛を与えても、与えすぎるということはない。ありったけの愛、安心感、安全、承認を与え、とことんまであやしてあげることが大切なのだ。

昔は、「子どもが泣いても放っておくこと。そのほうが子どもは強くなる」という考え方が一般的だった。しかし、最近の発見によると、夜泣きをして放っておかれた赤ちゃんは、大人になってからも恐怖と不安が消えず、自信がなくて萎縮した人になってしまうという。そんな大人は、他人から承認の言葉をもらえないと、不安でたまらなくなる。

一方で、目の前の欲求がきちんと満たされて育った子どもは、精神が安定していて、自信があり、リスクをとることを恐れない。なぜなら、自分にとって大切な人から承認されなくなったらどうしようという不安をもっていないからだ。

操ることで自信を奪う

子どもは大きくなると、親が気に入らないことをたくさんするようになる。

一方、親もまた人間なので、何かをするときは一番抵抗が少ない方法を選ぶ。子どもをしつけるときもそれは同じだ。子どもが親にとって都合の悪いことをするたびに、厳しい態度で子どもの行動を否定して、子どもを自分の思いどおりに操り、コントロールしようとする。自分に依存し、自分の愛と承認を必要としている存在をもっとも手っ取り早くコントロールする方法は、愛と承認を与えないことだ。

子どもを自分の思いどおりに動かす道具として、愛と承認を利用するのである。言うことを聞かせるために、愛と承認を小出しにしたり、子どもの行動を思いどおりに操るために、愛と承認をまったく与えなかったりするのだ。親のこういった態度によって、子どもは大人になってから数多くの問題を引き起こすことになる。

親から無条件の愛情と承認を与えられなかった子どもは、無意識のうちに恐怖を抱えるようになる。そんな子どもは、すぐにこう考えるようになるだろう。

「自分が安全で、安心できて、愛してもらえるのは、親の望みどおりにしたときだけだ。親が認めることをして、親が喜ぶことをしたときだけだ」と。そして無意識のうちに、これからはずっと親が喜ぶことだけ、親が望むことだけをしようと決心する。

彼らはやがて、こんなことを言いだすようになるだろう。

「ぼくはこれをしなければならない！　私はあれをしなければならない！　他人を喜ばせなければならない！」

■他者の反応を気にしすぎる傾向

このようなネガティブな思考パターンを強制的に植えつけられた子どもは、思春期を経て大人になるまで、ずっと他者の意見を必要以上に気にして過ごすことになる。

何かを言ったり、何かをやったりするたびに、親に認められないのではないかとびくびくしていた子どもは、学校に通いだしてからも、友だちに認められないことをことさらに心配するようになる。10代の子どもが友だちの意見を必要以上に気にして、みんなと同じ服、同じ話し方、同じ行動にこだわるのもそのためだ。彼らのこういった行動は、例外なく、親から与えられなかった無条件の愛と承認を求める気持ちから生まれている。

子どもの年齢に関係なく、親が子どもにしてやれるもっとも大切なことは、真っ先に愛と承認を与える存在になることだ。

どんな失敗をしても、親から無条件に愛されることを知っている子どもは、大人になってからは、親からもっとも賞賛されそうなことを選んで行う人物になる。

罪悪感をぬぐい去る方法

親の愛と承認を道具にして、子どもを思いどおりに操ろうという行動のもっとも大きな弊害の1つは、子どもの心に罪悪感を植えつけることだ。親が気に入らないことをするたびに、子どもは罪悪感を覚えることを強いられる。

罪悪感と批判への恐怖。この2つの感情の根本にある言葉が「しなければならない」だとしたら、それを打ち消す言葉は「しなくてもいい。しなくてもいい！　やりたくないことはしなくてもいい！」になるだろう。

妻のバーバラも私も、私たちが「ネガティブ教」と呼んでいる環境のなかで育てられた。ネガティブ教で一番大切な教えは、自分が罪悪感をもつことと、他人に罪悪感をもたせることだ。

だから子どもが生まれたとき、私たちは「わが家に罪悪感は持ち込まない」という誓いを立てた。自分たちのあいだでもしないし、子どもたちに対してもしない。そして、親の愛と承認を勝ち取るために何かを「しなければならない」とは、子どもたちに絶対に思わせないと誓ったのだ。

身の安全にかかわることを別にすれば、私たち夫婦は、子どもたちに対して強制的に何かをさせたり、何かを禁止したりすることは一度もなかった。何でも自分で決めてかまわないと、いつも言い聞かせていた。もちろん、求められればいつでも助言はするが、子どもたちが自分で決めたことは全面的に支持してきた。

こうやって子どもに無限の自由を与えたところ、子どもたちはいつも、自分で正しい決断ができた。これはすばらしい発見だった。それに、仮に間違った決断をしたとしても、すぐに自分の力で修正することができたのである。

そして、やはり最高の結果は、子どもたちがみな、前向きで、幸せで、自信に満ちた大人に成長したことだろう。そうなったのも、子どものころに自尊心を傷つけるような批判をしたり、罪悪感を植えつけたりしなかったからだ。

人はよいお手本があれば真似をする

この子育て法で興味深いのは、子どもにやっていいこととといけないことの違いを教えなくてもいいということだ。自分がよいお手本になるだけで、子どもは正しい判断ができるようになる。

友だちと同じことをするよりも、自分を一番愛して認めてくれる存在、つまり親に認められることをするほうが正しいと理解できるようになる。子どもはあなたの真似をはじめ、あなたの言動をコピーするようになる。

エイブラハム・マズローの定義する「自己実現した人」には、他人の意見に敏感だが、気にしすぎることはないという特徴がある。彼らは、社交上の礼儀や思いやりから他者の意見や感情に心を配るが、他人の承認を得ることを目的に何かを決断することはない。自分のすること、しないことについて、他の人も賛成してくれるなら、それに越したことはない。しかし、賛成してくれなくても、それは残念ではあるが、真剣に思い悩むようなことではない。彼らは彼らの道を行く。

高い自尊心と自信をもつように育てられた子どもは、同じように他者の意見に対しても正しい敬意を払うようになる。そして他の人が思うかもしれないこと、言うかもしれないことを、ことさらに心配することはない。

自由な職場環境のつくり方

仕事の世界に話を置き換えると、マネジャーであるあなたにできる最高の仕事は、人々が完全に自由に自分の意見を言えるような環境をつくることだ。そこでは賛成も、反対も、議論も、すべて自由に行うことができる。そのせいで上司に叱られたり、職を失ったりする心配は一切ない。

前向きで活気に満ちた職場は、率直で、自然発生的で、自由な意見の交換が行われ、そこで働くすべての人が最高のエネルギーを発揮するようになる。そこから革新性や創造性が刺激され、意思決定が向上する。人々は、問題について思い悩むよりも、解決策を考えることに集中するようになる。そして職場は前向きなスピリットで満たされ、人々が仕事を楽しみ、仕事に最善を尽くすようになる。

■犯人捜しをしない

恐怖を取り除き、自由な空気をつくるには、問題の犯人捜しをやめるのが一番の方法だ。何か問題が起こると、すぐに犯人捜しをして非難するような上司がいると、その下で働く部下たちは新しい挑戦を怖がるようになり、上司に悪いニュースを知らせようとしなくなる。

そもそも、仕事とは問題の連続でもある。仕事をしていれば、大小さまざまな問題が起こることは避けられない。問題は絶対になくならない。寄せては返す波と同じようなものだ。実際、マネジャーであるあなたの本当の仕事は、問題を解決することだ。始業の瞬間から退社時間まで、マネジャーであるあなたの主な業務は、問題を解決し、障害を乗り越え、決定をくだすことだ。それなのに、あなたが解決すべき問題がまったく存在しないのなら、あなたが会社に貢献できることは何もないではないか。

それよりいつも解決策に集中していると、問題解決の技術が向上し、その結果さらに大きな問題を与えられるようになる。そしてまかされる問題が大きくなるほど、責任も大きくなり、より高い地位が与えられ、報酬も増えていく。解決策に集中するほど、さらにたくさんの解決策を思いつくことができる。

すると、あなたの創造性はさらに高まる。周囲のすべての人に対して、より前向きで、より建設的な影響を与えられるようになる。解決策を考えることに集中していれば、あなたはすぐに、組織にとって欠かせない存在になるだろう。何か問題が起こったときに、一番頼りになる人物だ。解決策に集中する人は、他者を批判せず、進歩の原動力になる。

■他人のせいにしない

何かの間違いが起こったとしても、誰かのせいにして非難するのではなく、解決策を探すことのほうに集中する。間違いを正すことを第一に考える。それができるのが、優れたリーダーの条件だ。

私の趣味の1つに、軍隊の歴史を調べることがある。

たとえば、南北戦争のゲティスバーグの戦いで、南軍のジョージ・ピケット少将率いる軍隊は、戦いの3日目に総攻撃をしかけ、そして大敗を喫した。彼の軍隊はほぼ壊滅し、それがやがて南軍の敗北につながることになる。この総攻撃を行った日は、後に「南軍の最高到達点」と呼ばれるようになった。

その日を境に、南軍はかつての力を失い、勢力を回復することはもう二度となかった。そしてついに、南軍の総指揮官であるロバート・リー将軍が、北軍のユリシーズ・グラント将軍に、アポマトックス・コートハウスで降伏したのである。

「ピケットの突撃」が失敗に終わり、傷ついた南軍の兵士たちが戦場から命からがら敗走してくると、リー将軍は馬で彼らを出迎えてこう言った。

「すべて私の責任だ。責任はすべてこの私にある」

この北米史上最大の戦いでは無数の失敗や間違いが生まれたが、リー将軍が部下を非難することはまったくなかった。部下がどんな失敗をしても、それは変わらなかった。彼はいつでもすべての責任を受け入れた。そして今日にいたるまで、リー将軍はアメリカ史上もっとも偉大な将校の1人として大きな尊敬を集めている。

■責任を引き受ける

時計の針を一気に進め、今度は1944年の6月6日に話を移そう。

連合軍によるノルマンディー上陸作戦が開始された日だ。あれは人類史上最大の海からの上陸作戦であり、激しい戦闘が何時間もくり広げられた。そして連合軍はついに勝利し、フランスのノルマンディーに上陸を果たしたのだ。その勝利は1945年4月のドイツ降伏につながった。上陸作戦が終わると、連合軍総司令官のドワイト・アイゼンハワー元帥は、作戦が失敗に終わったときに備えて用意しておいたメモを部下たちに見せた。マスコミに発表する内容を書いたものだ。

「上陸は失敗した。われわれの軍は撃退された。ノルマンディーに上陸することはできなかった。この作戦にともなうすべての決断において、責任はすべてこの私にある」

メモにはそう書かれていた。

2人は偉大なリーダーだ。大敗を喫したときも、失敗の可能性を想定したときも、偉大なリーダーのとるべき態度はただ1つ。どちらの場合も、指揮官はすべての責任を自分で引き受けたことだ。自分の指揮下で起こったすべての失敗や問題で、他人を非難するようなことは断固拒否した。彼らは責任を引き受け、そのうえで自分の目も、他者の目も、次のステップに向けさせた。

アメリカ大統領を2期務めて引退したアイゼンハワーは、妻のベスとともにワシントンを離れ、農場暮らしをはじめた。その農場はゲティスバーグの戦場のはずれにあった。100年前にロバート・リーが「ピケットの突撃」の命令をくだし、すべての責任を引き受けた場所からもそう遠くない。なかなかおもしろい偶然だ。

■責任者は自分だと宣言する

興味深い発見を紹介しよう。「置き換えの法則」によると、人はネガティブな思考をポジティブな思考に置き換えることができる。人間の頭は一度に1つのことしか考えられないので、一方の思考を、もう一方の思考と取り替えることができるということだ。

だから、ネガティブな状況に陥ったり、問題が発生したり、何らかの困った事態になったとしても、たった1秒あれば、ネガティブな思考をポジティブに変えることができる。

それには頭のなかにあるネガティブな状況を、「これは私の責任だ!」という言葉と置き換えればいい。これは、あらゆるネガティブな感情を取り除く最高の方法であり、もっとも大きな力をもつ。

このようにして自分が責任を引き受けると、誰かを責めて怒ることはできなくなる。両方を同時に行うことは不可能だからだ。どちらかを選べば、もう一方が消えることになる。

自分の責任の範囲内で何か問題が起こったら、「これは私の責任だ」と考えるようにしよう。責任者はあなただ。責任はあなたにある。たとえ何が起こっても、「これは私の責任だ」と力強く宣言すれば、人生のどんな状況も自分の力でコントロールできる。

責任感の強い組織をつくる

あなた自身が、自分と自分の状況に対する責任を引き受けたら、今度は周りの人たちにも同じ行動を奨励しよう。自分の仕事と、仕事の結果に責任をもつように促すのである。

しかしここで気をつけたいのは、仕事をまかせることと、責任の放棄は違うということだ。ある仕事を部下にまかせ、権限を委譲したからといって、あなたにまったく責任がなくなったというわけではない。

最終的な結果に対して責任をもつのは、やはり上司であるあなただ。責任者はあなただ。運転席に座ってハンドルを握っているのはあなただ。あなたはリーダーなのだ。部下を責めたり、部下に怒りをぶつけたりしても、責任を逃れることはできない。部下に責任をなすりつけたりしたら、かえって上司としての自分の立場が弱くなるだけであり、信用を失うだけだ。

同僚たちに対しても、責任を前向きに引き受けることを奨励しよう。子どもたちに対しても、責任をしっかりと受け止めることを奨励しよう。あなた自身がお手本になればいい。たとえ何が起こっても、いつでも自分に責任があることを認め、それを周囲の人に伝えると（これは私の責任だと）、あなたの組織では犯人捜しも非難合戦も存在しなくなる。

誰もが解決策に集中するような環境をつくり出そう。問題を解決するために、または目標を達成するために、今すぐにできることを考えるのだ。よりよい未来のために、今できること。まずそれを考える習慣を確立しよう。

すべての人が責任を引き受け、解決策に集中し、未来に目を向けたら、あなたのチームはすばらしい調和を達成し、最高のパフォーマンスを発揮するようになるだろう。

恐怖心は消費者の購買意欲を下げる

失敗への恐怖、批判への恐怖は、市場での成功と失敗を決める大きな要素でもある。消費者がある製品やサービスを買わない理由のトップは、「リスク」があると感じることだ。

その製品やサービスを買っても、約束された利益が享受できないかもしれないと恐れる気持ち、または他の製品やサービスのほうがもっと大きな利益があるかもしれない、もっと満足が大きいかもしれないと恐れる気持ちが原因となり、買うのをためらうのである。消費者は、間違った選択をしてしまうかもしれないことを恐れている。

くわえて、自分の購買行動が、他者に承認されないかもしれないという恐れもある。セールスやマーケティングの世界では、拒絶への恐怖、否定されることへの恐怖が、人々が製品やサービスを購入するかどうかを決める原動力になるといわれている。

私もセールス畑で働いた経験があるので、実際にこの目で見てきた。どんな買い物であっても、誰かと相談するまでは買うかどうか決められない人は、本当に驚くほどたくさん存在する。たくさんの人と話さないと決められないことも珍しくない。たいていの場合、何かを買うと決めるには、家族、友人、同僚、親戚などの承認が必要だ。彼らはくり返し、「少し考えます」という言葉を使う。そして、何度も何度も考えるのである。

今日のセールスとマーケティングの主な仕事は、何よりもまず、製品やサービスの価値を消費者に納得させることだ。他の何にお金を払うよりも、これを買ったほうが満足できると説得し、それから各種の保証をつけることで、購入にともなうリスクをとことんまで取り除く。消費者が買う決定をくだすには、正しい決断だと100パーセント確信する必要があるからだ。

広告でもっとも効果がある方法の1つは、「有名人も愛用しています」という宣伝文句だ。消費者はこの言葉によって、自分の決断が否定される心配がなくなる。有名で、みんなから尊敬されている人が保証するのだから、買って間違いはないというわけだ。だから有名人を宣伝に起用すると、消費者に買ってもらえる確率が高くなる。有名人が価値を保証するのであれば、その有名人が好きな周囲の人たちも買うだろうから、自分の決断は非難されないという考えがあるからだ。

消費者の頭と心から「恐怖を追い払う」ことができなければ、ビジネスは成功しない。あなたの製品やサービスを買うことに、消費者がまったく恐怖を抱かなくなれば、あとは放っておいても自然に売れるだろう。成功している企業はすべてこの原則を理解し、自分たちの有利になるように活用している。

すべての成功したビジネスの根底には、この原則があるといっていいだろう。

部下の自尊心と自信を高める方法

私はセミナーで、かならず次のような質問をする。

「もし絶対に失敗しないとわかっていたら、一番挑戦したいことは何ですか？」

この質問の目的は、失敗への恐怖も拒絶への恐怖もまったく存在しない状況をつくり出し、何をやっても絶対に成功するという保証を与えることだ。

もしそうなったら、あなたは何に挑戦したいだろうか？

ときに、質問の内容を次のように変えることもある。

「もし銀行の口座に2000万ドル入っているとして、人生で何をしてもいいし、何をやめてもいいとしたら、あなたは今の人生をどのように変えるでしょうか？」

これらの質問は、人々の思考に驚くほど大きな影響を与える。彼らはこの質問を耳にするや、したいこと、欲しいもの、なりたいもののすべてをいっせいに思い浮かべる。絶対に失敗せず、絶対に成功することが保証されていたら、自分はこの人生で何がしたいのか。人はそれを考えるとき、恐怖の力の大きさを目の当たりにしてびっくりすることになる。恐怖がまったくない状態で自分のやりたいこと、欲しいものを考えると、人生が今とはまったく別の姿に見えてくるからだ。

私たちのなかには、潜在能力をフルに発揮して、可能なかぎり最高の自分になりたいという欲求が眠っている。自分の力はこんなものではない、現状よりもずっとたくさんのことができるし、もっとすごい人物になれると感じている人は、「能力を生かしていない」という欲求不満の感情を抱き、それがネガティブな感情、不幸、パフォーマンスの低下を引き起こす大きな原因になっている。

それとは反対に、自分は完全に自由で、やると決めたことはほぼすべて実現することができると感じている人は、自尊心が高まり、自信が高まり、実際に何かを実現する能力も飛躍的に向上する。

マネジャーであるあなたの仕事は、部下たちがいつもこのような気持ちでいられるような職場環境をつくり出すことだ。

マネジャーのもっとも大切な仕事

マネジャーであるあなたは、部下たちが最高の力を発揮できる環境を整えなければならない。そのとき、もっとも大切な仕事は、職場から恐怖を追い払うことだ。

恐怖のない環境を実現する最初の一歩は、まずあなたが誰も批判しないこと。「失敗は避けられない」ということを、周知徹底させることである。

もし部下が何か失敗したら、その部下の最初の仕事は自分の責任を認めることだ。そして第2の仕事は、解決策を提案すること。解決策がムリなら、最低でも解決に向けて上司であるあなたにしてもらいたい次の一歩を提案することである。

このときチームのメンバー全員が、誰も批判されないことを知っていなければならない。あなたのチームでは、何かで失敗しても、またはあなたの意見に反論しても、それが原因で批判されたり、罰を受けたり、解雇されたりすることは絶対にないということをだ。

実際、高いパフォーマンスを発揮する環境を測定するとき、もっとも正確な結果が出る指標の1つは、メンバーが自由に意見を言える度合いである。部下が上司の意見に自由に異議を唱えたり、反論したりできる職場は、決まって高い業績をあげている。

批判されるという恐怖を感じることなく、自由に自分の意見を言えるようになるほど、職場の雰囲気はより前向きになり、強力なチームができあがるだろう。

アクションエクササイズ

1 今日からためにならない批判は一切口にしないと誓いを立てる。これから21日間は、言いたいことがあってもぐっとこらえよう。そうすれば批判しないことが普通になり、より建設的な、新しい習慣を確立することができる。

2 何かに対して腹が立ったら、すぐに自分に向かって「これは私の責任だ」と言う。ネガティブな感情が消えるまで、「これは私の責任だ」と強い調子で何度もくり返す。そうすればネガティブな感情は必ず消える。

3 失敗への恐怖を追い払う。「失敗はフィードバックにすぎない」のであり、失敗したときに必要なのは、損害を最小限に抑えて、失敗から学ぶことだけである。この2点を周知徹底する。

4 「きみはできる！」と言って部下を励ます。部下がいい仕事をして、すばらしい結果を出すことを心から信じているという気持ちを、表に出して相手に伝える。

5 部下が自分の期待とは違うことをしても、不機嫌になったり、否定したりしない。その代わりに質問し、部下の答えに注意深く耳を傾ける。

6 部下のお手本になる。「世界に起こってほしいと思っている変化に、あなた自身がなりなさい」とガンジーも言っている。

7 率直で、正直になり、反論を自由に言うことを奨励する。スタッフが思っていることを何でも言えるような環境をつくる。

第5章 部下の心のなかに勝利の感覚をつくり出す

あなたのビジョンと夢を大切にしなさい。
それらはあなたの魂の子どもであり、究極の達成への青写真なのだ。

――ナポレオン・ヒル
（アメリカの自己啓発の大家）

人間の自尊心と自己効力感に対する欲求はとても強く、どんな人でも心の奥底では高いパフォーマンスを実現したいと思っている。成功し、結果を出し、自分は価値がある、能力があると感じたいという欲求がある。つまり、ほぼすべての人が「勝者」の感覚を求めているということだ。

くわえて、チームや会社の一員になることで、依存欲求を満たしたいという気持ちもある。しかしそれと同時に、自立欲求を満たしたいというさらに大きな気持ちもある。自分の責任で行ったことで結果を出し、独立を達成したいという気持ちだ。

勝者のチームの一員になりたいばかりでなく、自力で勝てる勝者にもなりたいのである。

勝利の感覚を身につける

人はどうすれば、勝者の感覚を身につけることができるのだろうか。

それは簡単だ。そう、勝てばいい！　実際に勝ってはじめて、人は勝つことの喜びと満足感を知るのである。マネジャーとしてのあなたの仕事は、部下たちが「自分は勝者だ」と感じられるような環境を整えることだ。

勝つことの反対は負けることだ。人が「自分は敗者だ」と感じるのは、進歩していないとき、上司を満足させられないとき、仕事がうまくいかないとき、同僚から認められず尊敬されないとき、自分の仕事のフィードバックをまったくもらえないときだ。

人はこういった状況のいずれか、またはすべてに陥ると、仕事で最高の力を発揮しようとする動機も熱意も失ってしまう。

感情は真空状態のなかに存在するのではない。人はつねに何かを感じている。ポジティブな感情になれないとき、勝利の感覚を味わえないときは、ネガティブな感情に支配され、敗者の気持ちになっていく。あなたのチームのメンバーもみな、つねに何らかの感情をもっている。だからマネジャーであるあなたの仕事は、彼らがポジティブな感情をもつように誘導することだ。成功、勝利、価値のある貢献をするという経験によって、ポジティブな感情が支配的になるようにするのだ。

勝者の気分を味わうには、最初にゴールしなければならない。利口なマネジャーは、個人のためにもチームのためにも、つねにゴールラインを設定している。すべての人が誰よりも早くゴールできるように、さまざまなゴールラインを設定するのである。

有能なマネジャーは、無数のチャンスをつくって、部下のすべてが勝利の感覚を味わえるように工夫している。

勝者の感覚を求めつづけるしくみ

ＩＢＭに呼ばれて講演の仕事をしていたころ、同社の幹部から、セールスチームに与える賞のしくみを教えてもらったことがある。毎年、年の初めになると、セールスパーソン各自の経験、能力、担当地域、そして前年の販売実績をもとに、１人ずつ独自の販売目標を設定する。セールスパーソンのすべてに自分だけの目標があるので、目標を達成するチャンスは全員に与えられている。他のセールスパーソンの目標のほうが高くても、または低くても、自分の目標を達成できるのは本人だけだ。

IBMはこの賞のしくみを入念につくり上げ、その結果、多くのセールスパーソンが勤勉に働いて計画を守っていれば目標を達成できるまでになった。もちろん、いつもどおりにやっていたのではダメだ。自分の限界を広げ、平均以上の力を出さなければならないが、それでも目標は達成可能な範囲にある。

そして、セールスチームの7割が自分の目標を達成できるようになった。彼らは目標達成のごほうびとして、「100パーセントクラブ」のメンバーの資格を与えられる。メンバーはそれから1年間、メンバーだけの特別なバッジを襟につけることが許される。会社から休暇旅行をプレゼントされ、ボーナスも出る。さらに経営幹部から、売上げアップという貴重な貢献をしたことを祝福され賞賛される。

しかし、彼ら7割の陰には、目標を達成できなかった3割の存在もある。3割に入ってしまったセールスパーソンは、トレーニングを受け、働き方を変えて効率を上げるなどの方法を提案されるとともに、次はきっと達成できるという励ましも受ける。

IBMは、自らつくったこのしくみによって、世界でも有数のセールス成績を誇る企業になった。IBMのしくみでは、まず目標を達成した7割のセールスパーソンが、「自分は勝者だ」と感じることができる。その「勝者の感覚」は、それから何カ月も続くことになる。勝利の味を覚えた彼らは、また同じ感覚を味わうために、次の年もさらに勤勉に働いてふたたび目標を達成するか、または目標以上の結果を出そうとする。

100パーセントクラブのメンバーの地位も、当然手放したくないだろう。社内で賞賛され、尊敬されるという立場も失いたくない。そうやって、過去のパフォーマンスをくり返そうという動機が高まる。ずっと勝ちつづけたいという気持ちが強くなるのだ。

目標を達成できなかった残りの3割は（たいていの人は目標までもう少しだった）、次の年こそは達成しようと決意を固め、動機がさらに高まる。彼らもまた、勝者の感覚を求めている。100パーセントクラブのメンバーと同じように、自分も特別な存在になりたい、賞賛されて尊敬されたいと願うようになる。その結果、彼らは内的な動機を高め、次の年はさらに勤勉に働くようになる。もっと賢く、もっと効率的に働こうとする。

こうやってセールスパーソンたちのあいだに健全な競争意識が生まれ、その結果ＩＢＭの売上げは大きく伸び、1980年代には全世界のコンピュータの売上げの8割を占めるまでになった。

致命的な勘違いをした会社の事例

かつていっしょに仕事をした別のある企業が、ＩＢＭ方式を真似る決断をした。この会社も独自の１００パーセントクラブを設立したのだ。

しかし、会社の経営陣の行動はＩＢＭのそれとは違っていた。ＩＢＭでは、それぞれの目標値を工夫することで、セールスパーソンの7割が目標を達成し、ごほうびを受け取って社内で賞賛されるという喜びを味わえるようにした。ところが、この会社はとても達成できないようなむずかしい目標を設定してしまった。その結果、目標を達成できたのはわずか3割しかいなかった。もっとも勤勉で、もっとも経験があり、もっともモチベーションの高いセールスパーソンしか目標を達成できなかったのだ。

その年の終わり、会社は目標を達成した3割を表彰した。そして残りの7割に対しては、「次の年はもっと頑張って、ぜひこのエリートクラブに入りたまえ」と励ました。しかし、このしくみはインセンティブとしてまったく逆の働きをした。7割の人が目標を達成し、勝者の気分を味わえるようにするのではなく、反対に7割の人が目標を達成できず、敗者の気分を苦々しく噛みしめながら1年を過ごすことになったのだ。

その結果、翌年の売上げは、伸びるどころかむしろ下がってしまった。しかも優秀なセールスパーソンの多くが会社を辞め、よその会社に移ってしまった。彼らが選んだのは、セールスの成績がもっと認められ、賞賛されるような会社だ。

マネジャーであるあなたの重要な仕事の1つは、仕事、インセンティブ、報酬、承認、ボーナス、報賞のシステムを調整し、部下の大部分が目標を達成できるようにすることだ。校外学習の計画を立てる小学校の先生と同じように、マネジャーであるあなたも、チームのほとんどが何らかの賞をもらえるようなシステムをつくらなければならない。

部下に前向きな期待をする

社員の動機を高めるもっとも効果的な方法は何か。人事の専門家が長年にわたって研究を続けた結果、唯一にしてもっとも力のある動機づけの方法が発見された。

それは、「前向きな期待をする」ことだ。マネジャーが部下の才能や能力を認めていい結果を期待するほど、そして部下自身も自分の仕事の能力に自信をもつほど、部下はより前向きになり、最高のパフォーマンスを発揮しようという動機が高まる。

幸いなことに、たいていの人はきちんと仕事をしたいと思っている。彼らが何よりも必要としているのは、あなたのリーダーシップだ。いい仕事をするために、あなたの指導や励ましを必要としている。自分に明らかに前向きな期待がかけられている環境、明確な目標がある環境を求めている。何を、いつまでに、どの程度の質で達成すればいいのかが明確で、それを達成するベストの方法もはっきりしている環境だ。

そのような環境を部下に提供するのは、マネジャーであるあなたの責任だ。

勝者を育てる効果的な方法

ここで1つの話をお聞かせしよう。私たちに最初の子どもが生まれたとき、妻と私は子育てについてとことんまで研究した。すばらしい親になることを真剣にめざしていた。もちろん親なら誰でも、最初の子どもが生まれたときは同じように考えるだろう。

私たちは育児書を読み、パンフレットを読み、教室に通い、講義を聴いた。幸せで、健康で、自信に満ちた子どもに育てる方法のすべてを吸収しようとした。

そしてすぐに、私たちはマリア・モンテッソーリの教育法に出会った。モンテッソーリはイタリアの教育者で、「モンテッソーリ教育」として知られる教育法の生みの親だ。

彼女は教師の仕事を通して、子どもが実際に学習するしくみを理解し、子どもの発達を促すもっとも効果的な方法を編み出した。さらに、モンテッソーリは何年もかけて自分の教育法を実地に試し、ついにシステムとして導入できる教育法にまとめあげた。現在、モンテッソーリ教育は全世界に普及している。

モンテッソーリ教育について詳しく調べた私たちは、すっかりモンテッソーリの信奉者になっていた。そして娘のクリスティーナが3歳になると、すぐにモンテッソーリの3年プログラムをはじめた。

■勝者を育てるプロセス

そのしくみはこうだ。毎朝、子どもを学校まで送る。先生は校門に立って子どもたちを出迎え、一人ひとり名前を呼んで声をかけ、握手をする。すべての子どもを、まるで若い淑女や紳士のように扱う。大人たちはみな、子どもたちに対して礼儀正しく対応する。

子どもたちは学校に到着すると、それぞれの教室に向かう。どの授業を受けるかは、年齢と発達状況によって異なる。教室の真ん中には大きな円が描かれていて、子どもたちはその線に沿って座るように言われる。授業のはじめと終わりには、必ずこの円に沿って座ることになっている。つまり1つの活動が終わるごとにこの円に沿って座り、それから次の活動がはじまるのだ。

年齢と経験ごとに、子どもたちには課題が与えられる。モンテッソーリ学校では、この課題を「ワーク」と呼んでいる。子どもたちは、すべてのエクササイズに真剣に取り組むように言われる。エクササイズの内容は、クレヨンで色を塗る、絵筆で絵を描く、パズルを組み立ててから崩す、芸術作品をつくる、などだ。それぞれのエクササイズで、はじまりのときがあり、真ん中のときがあり、そして終わりのときがある。

■発達に応じて決められる難易度

教師の仕事は、それぞれの課題で子どもたちのガイドの役割を果たすことだ。それぞれの年齢とスキルのレベルに合ったエクササイズが終わると、子どもたちは自分で教室の床に描かれた円のところに戻ってきて腰を下ろす。全員が集まると、エクササイズの内容についてみんなで話し合い、教師から前向きなフィードバックを受け取る。それが終わると、子どもたちは次のエクササイズに向かっていく。

子どもたちにとって、モンテッソーリ学校の課題を達成するのは、曲がりくねったらせん階段を登るのに似ている。3年のプログラムで、エクササイズはどんどん複雑でむずかしくなっていく。それぞれの難易度は、生徒個人の成長や発達レベルによって決められる。この3年のプログラムが終わると、子どもたちは、読み、書き、計算、パソコンの操作、楽器の演奏ができるようになっている。外国語を少し話し、世界地図を見て多くの国がわかり、他にもさまざまな科目で高い能力を身につけている。

■勝者の感覚を生むしくみ

このプログラムでもっとも印象的なのは、3年間しっかり教育を受けた子どもたちが、どんどんむずかしくなっていく課題をきちんと完成させていることだ。子どもたちは課題が終わるたびに、教師からほめられ、励ましの言葉をかけられる。

その結果、子どもたちのなかに勝者の感覚が生まれる。教師はつねに、子どもたちが達成したことを心からほめ、誇りに思っていることを伝える。

モンテッソーリ教育の課題には、合格もなければ、不合格もない。教室に敗者は存在しない。すべての子どもが勝つことができる。1日のうちに何度も勝利し、次の日も、また次の日も勝つことができる。そうやって3年間、ずっと勝利だけを経験する。

あなたには、そんな経験をした子どもたちの気持ちが想像できるだろうか。

モンテッソーリ学校を卒業した子どもたちは、どんなふうに成長すると思うだろうか。その答えは「特別にすばらしい！」だ。子どもたちは高い自尊心と自信を獲得する。自分自身を誇りに思う。責任感があり、前向きな自己像をもっている。自分が好きで、他人も好きだ。自分には権利があると感じ、やると決めたことは何でもできると信じている。成長期という大切な時期に、自分は有能で、能力があり、真に優れた人物であると、くり返し言い聞かされ、実際に成功を体験する。それがモンテッソーリ教育のシステムだ。

こうしたことを学校でくり返し教えられ、家でも同じことをくり返し教えていたので、わが家の子どもたちはみな勝者の態度を身につけた。彼らは現在でも、勝者の気持ちをもちつづけ、勝者のようにふるまっている。

部下を勝者にする5つのステップ

あなたの部下の心のなかに勝利の感覚を生み出す方法には、5つのステップがある。

個人の仕事、チームの仕事をこの5つのステップに分けて進めていくと、職場がエネルギーと熱意に満たされ、誰もが向上と卓越をめざして進んでいくようになる。

■ステップ1　明確な目標を決める

「見えない標的は撃てない」という言葉を聞いたことがあるだろう。または「行き先がわからなければ、どの道を選んでもどこにもたどり着けない」という言葉もあるように、明確で、具体的で、期限の決まった目標を立て、その目標を紙に書くということが大切だ。これは人々が勝利を経験し、勝者の気分になれる環境をつくるうえで、絶対に欠かせないことだ。

目標設定の「10対90のルール」という言葉を、聞いたことがあるだろうか。最初の10パーセントの時間を使って明確な目標を立てると、実際に開始してから90パーセントの時間を節約できるという意味だ。くわえて、失敗の90パーセントも防ぐことができる。コストを90パーセント節約し、関係する他の人たちの時間も90パーセント節約できるのだ。明確な目標は、これほど大切なのである。

実際に目標を決める場合、個人の目標設定でも、ビジネスの目標設定でも、ＳＭＡＲＴモデルを使うといい。ＳＭＡＲＴは次の言葉の頭文字から取っている。

S＝Specific（具体的）
M＝Measurable（測定可能）
A＝Achievable（達成可能）
R＝Realistic（現実的）
T＝Time-bounded（期限付き）

・**具体的**　SMARTな目標は具体的だ。目標達成にかかわるすべての人が理解できるように、完全に明確な言葉で表現されている。あいまいな部分は一切ない。目標達成の過程で生じる問題のほとんどは、そもそも目標が十分に明快で具体的でなかったことから生まれる。

・**測定可能**　SMARTな目標は測定可能だ。数字、または金額で表すことができる。それはいくつかのステップに分割でき、そのステップもそれぞれが測定可能だ。計測する基準が明確であるほど、その数字の達成に向けて努力し、そして達成するのが簡単になる。どの程度まで目標達成に近づいているかは、子どもでもわかるぐらいでなければならない。

・**達成可能**　SMARTな目標は達成可能だ。時間、お金、外部環境、経済情勢、メンバーのスキルと能力の制約のあるなかで達成することができる。また、会社の内外に存在するさまざまな制約があるなかでも達成できる。たとえば、「売上げを2倍にする」という目標は、目標の条件をまったく満たしていない。正しい目標は、次のような表現になる。

「今から12カ月間で、売上げを1カ月に7パーセント、1週間では約2パーセント伸ばす」

この目標なら、具体的で、計測可能で、達成可能であり、最終的には1年で売上げを2倍にすることにつながっている。

・**現実的**　SMARTな目標は現実的だ。目標が現実的な範囲内にあるので、多くの人が達成できて自信をつけることができる。だが、たいていの目標は現実を正しく反映していないため、目標というよりも単なる希望になっていることが多い。

・**期限付き**　SMARTな目標は期限が決まっている。目標の各段階で期限があり、最終的な目標達成にも期限が決まっているため、スケジュール通りに進めるのが簡単だ。
反対に不完全な目標は、企業の破綻の原因にもなってきた。トップの人間は目標の中身を理解していたかもしれないが、目標達成にかかわるすべての人には理解されていなかったのだ。

■ステップ2　具体的な測定基準をつくる

何かで勝利するためには、ゴールラインの位置を知っていなければならない。勝利の定義を知らなければならないのだ。課題を完成させてゴールテープを切るためには、いったい何をしたらいいのか。その答えを完璧に理解していなくてはならない。

マラソンの距離は42・195㎞と決まっている。走者にとっては、気が遠くなるほど長い距離だ。しかしありがたいことに、大会を運営する人たちが一定の間隔で目標となる目印を置いてくれている。走者はこれで、全長より短く、達成しやすい基準に照らし合わせて、自分のペースを知ることができる。目印の間隔が短くなるほど、走者にとっては勝利の感覚を味わうのが簡単になる。この原則は、仕事でも同じだ。小さな目標を達成するたびに、メンバーは「小さな勝利」の気分を味わえるのである。

・マイルストーン・マネジメントを活用する

一昔前のセールスの世界では、会社の収入と成長を決めるような大きなセールスの売上げが会社を支えることが多く、そういったセールスは、契約までに1年かそれ以上かかるのが一般的だった。そのため交渉が続いているあいだは、担当者は勝利の気分を味わうことができない。

しかし最近のセールスでは、売上目標を一連のマイルストーンに分割することが多い。マイルストーンとは、区切りとなるような小さな目標だ。最初のマイルストーンは、たとえば理想的な見込み客を絞り込むことになるかもしれない。そして第2のマイルストーンは、情報を集めることかもしれない。そして第3のマイルストーンは、候補として絞った企業のなかの決定権をもつ人と会う約束を取りつけることだろう。第4のマイルストーンは、自社の製品で満足させることのできるその顧客のニーズを見つけること。そして第5

のマイルストーンは、プレゼンの準備をすることだ。

このようにして、大きな目標をマイルストーンで区切っていく。

セールスで業績をあげている組織は、この過程を「マイルストーン・マネジメント」と呼んでいる。毎週、セールスマネジャーは、各段階それぞれにいる見込み客の数を確認する。彼らは長年の経験から、最終的に顧客になってもらえるのはそのなかの何人になるかがわかる。それに、それぞれのセールスの平均的な規模もだいたい見当がつく。

この情報をもとに、月ごと、4半期ごと、半年ごとのかなり正確な売上予測を立てる。この予測のおかげで、会社は「目標による管理」を行い、社員は目の前のことに集中できるようになる。そしてもっとも重要なのは、マイルストーンをめざすことによって、セールスのあらゆる段階でかかわったスタッフのすべてが、勝利の感覚を味わえるということだ。セールスの成立は、ステップごとの勝利を積み重ねた結果として到達する、最後のステップにすぎないのである。

大規模で、複雑で、完成までに何カ月もかかるようなプロジェクトを部下にまかせるときは、まず一連のマイルストーンをつくっておくことを忘れないようにしよう。途中経過を計測するマイルストーンやベンチマークがあれば、目の前の目標に集中でき、その目標を達成するたびに勝利を味わうことができる。

■ステップ3　成功体験を積ませる

勝者の気分を味わうには、目標を達成しなければならない。自分の責任を果たし、与えられた課題を処理させなければならない。つまり、誰の目にも明確な勝利が必要なのだ。部下のすべてが成功体験をもてるようにするのも、マネジャーの役割である。

能力を超える課題を与えられて困っている部下がいたら、マネジャーであるあなたが課題の中身を調整し、課題を分割して一部を他の部下に割り当てたりしなければならない。ここで一番大切なことは、担当する仕事が何であれ、すべてのスタッフが自分の課題を完遂しなければならないということだ。

新しく入ってきた部下に動機づけをする一番の方法は、相手の経験と能力を考え、絶対に達成できる一連の小さな仕事を与えることだろう。これは、モンテッソーリ学校と同じ方法だ。小さな仕事を実際にはじめ、そして確実に完遂させるという経験を重ねていくと、感情を前向きに押しすすめるエネルギーが育ち、それが健全な自尊心につながって、部下は「もっと大きな仕事でも完遂できる」という自信を手に入れるのである。

■ステップ4　達成したことを認める

どんな人でも、何かを達成したら、それを周囲に認められたいと思っている。とくに目上の人からの承認を何よりも必要としている。あなたのチームのメンバーは、みな内的な動機づけがある。彼らを内側から突き動かすのは、課題を完成させたら成果が認められるという期待だ。その期待があるからこそ、「あともう少し頑張ろう」という気になるのである。第3章でも説明したように、成果を前向きに認められた人は、自尊心が高まり、自己像が向上し、さらに頑張ろうという動機が高まるのである。

■ステップ5　報酬を与える

報酬は、ケーキでいえば食べられない飾りのようなものだ。だから部下が課題を完遂させたら、その場で成果を認め、ほめるだけでいい。とはいえ大きな仕事を完成させたり、すばらしい成績を出した場合は、何か特別な報酬を与える必要があるだろう。

いつも以上に努力しても上司から認められなければ、部下は仕事への情熱を失い、「頑張っても意味がない」と考えるようになる。「頑張っていい結果を出しても、他のたいして頑張っていない連中と同じ扱いしか受けないじゃないか」と。

部下の期待に応える報酬には、形のあるものと形のないものがある。形のある報酬は、金銭であったり、何らかの品物であったりする。記念品かもしれないし、商品券かもしれない。ボーナスかもしれないし、昇給かもしれない。形のある報酬は、仕事の世界でもっとも効力をもつインセンティブの1つであり、よりよいパフォーマンスをつねに求める原動力になる。

・金銭による報酬の注意点

私がまだ若いころの話だ。自分で会社を経営していた私は、社員がプロジェクトでいい仕事をするたびに、昇給というごほうびを与えていた。しかしこのやり方は、すぐに失敗だったと気づくことになる。報酬を受け取った部下は、次にいい仕事をしたときも、たとえそれが自分の仕事の範囲内であっても、また昇給を期待したのだ。さらにたいへんなことに、社員の全員が、本来の仕事を達成しただけで昇給を期待するようになった。まもなくして、私は社員の人件費で首が回らなくなってしまった。

金銭を報酬にするなら、対象となる課題を特定し、それを達成したらボーナスを与えるのが一番の方法だ。何カ月にもわたる持続的な昇給ではなく、1回かぎりのボーナスだ。短期の報酬やボーナスであっても、持続的な昇給と同じくらい大きな動機づけになる。

・金銭以外の報酬の利点

形のない報酬も存在する。たとえば、休暇を与えるという方法がある。ちなみに私の職場では、プロジェクトですばらしい仕事をしたら、金曜日に休んでいいことにしている。私はいつも、休みを与えるときは、休みの計画が立てられるように前もって伝える。直前に伝えるようなことはしない。

休みを与えることには、どんな効果があるのだろうか。報酬として休日を与えると伝えておくと、部下は休みの前にすべての仕事を終わらせ、そして休み明けの初日のうちにすべての遅れを取り戻す。休みが増えることで、生産性が犠牲になることは一切ない。

そして、あなたと会社にとっての見返りは、動機がさらに高まった社員が手に入ることだ。彼らはもっと休日がもらえることをめざして、さらに熱心に働く。しかもあなたと会社にとっては、金銭的なコストが一切かからない。

トレーニングを受けさせることも、形のない報酬になるだろう。多くの企業が、業績のいい社員を2日間から3日間の研修プログラムに派遣している。地元のプログラムに参加させる場合もあれば、出張の形で遠出させることもある。

この報酬には、2つの意味でメリットがある。1つは、参加する社員が訓練によって能力を高め、将来的にはさらに重要な仕事ができるようになるということ。そしてもう1つは、さらに大きな価値を提供できる優秀な社員が手に入るということだ。これは、社員にとっても会社にとっても利益になる、まさにウィン・ウィンの状況だ。

このように職務を超えた働きをして、目標を達成した社員に報酬を与える方法は、形のある報酬でも、形のない報酬でもたくさんある。誰かが何かを達成したら、その場で少額の現金をわたすマネジャーもいる。何かの課題を達成しなくても、ただのアイデアや提案でも同じような報酬を出すこともある。または、重要な目標を達成した社員の配偶者に花を贈るという方法もある。その他、スポーツイベントのチケット、コンサートのチケット、映画のチケット、または高級レストランでの食事でもいいだろう。

報酬を与える目的は、最高のパフォーマンスを発揮しようという動機を高めるためであり、勝利の感覚を味わってもらうためだ。その方法は、想像力の許すかぎり無限にある。

成功に向けて権限委譲をする

このように自分は勝者であると感じるには、測定可能な目標を達成し、周囲から認められ、相応の報酬を受ける必要がある。そして目標を達成する過程で、より多くの自主性と責任が与えられているほど、成功の意味もさらに大きくなる。

同じ成功でも、その過程で上司から細かいところまで指示されたのなら、成功の味はまったく違ったものになるだろう。自分で全責任を負って何かをやりとげたときのほうが、満足感は格段に大きい。

ここで、責任も権限も含めて部下にまかせるという「権限委譲」の出番になる。権限委譲は、部下の能力を最大限に発揮させる1つの方法だ。大きな仕事をまかせるほど、部下の能力はさらに高くなる。自信と自己効力感が強化され、会社から見れば社員としての価値もさらに高まることになる。

権限委譲の出発点は、まずマネジャーであるあなたが、これからまかせる仕事についてよく考えることだ。仕事の過程で何が必要になるか、理想の結果はどのようなものかといったことを、事前にきちんと考えておかなければならない。

目標達成までの具体的なステップを決め、それぞれに測定可能な目標と期限を決める。それぞれのステップが完璧に仕上げられたと判断するには、何を基準に考えればいいだろうか。もし魔法の杖をもっていて、理想の結果を出せるとしたら、どんな結果を出したいだろうか。

次に、目標達成までのスケジュールを決め、そして期限も決める。いつまでに達成させたいのか。いつまでに達成させる必要があるのか。絶対に過ぎてはいけない期日はいつか。

■正しい人材を選ぶ

仕事について最初から最後までよく考えたら、今度はその仕事に最適な人物を見つける。これは担当する人物の経験の度合いによって、権限委譲を実際にどのように行うかが決まってくる。

新人、または経験はあるがその仕事ははじめてという人は、経験レベルが「低」となる。この場合、上司の細かな指導が必要になる。期限までに満足できる形で仕事を完遂させるには、具体的な仕事のやり方を教え、ステップごとに監督する。なお、重要な仕事を権限委譲の形でまかせるなら、絶対に経験レベル「低」の部下を選んではいけない。

次に経験レベルが「中」の人について見ていこう。その仕事を完遂させるために必要な能力について、中程度の経験がある人だ。このレベルの人には、「目標ごとの管理」という方法が向いている。2人で話し合って、段階ごとの目標と、達成させるべき課題をはっきりと決めておく。具体的な仕事のやり方について、あなたの意見を伝えてもかまわない。その後は、担当者にすべてをまかせる。

最後に経験レベルが「高」の人は、その仕事ができることをすでに証明する能力をもっている部下だ。この場合、マネジャーであるあなたの役割は、ちょっとしたやりとりや会話だけになる。具体的な目標をはっきりと伝え、仕事をやりやすくするためにできることがあれば、あなたが教えてもらう。あとは担当者にすべて一任する。

効果的な権限委譲のプロセス

効果的な権限委譲には7つのステップがある。このステップを順番通りに実行し、効果的に権限の委譲を行えば、仕事をまかされた部下が能力を発揮して成功し、勝者の感覚を味わうための最高の環境が整うだろう。

①まかせる仕事に最適な人物を選ぶ

仕事に必要な資質や能力を確認し、それに見合ったスキルをもっている部下を選ぶ。最初に正しい人を選ぶことができれば、その仕事が成功し、予算も期限も守れる確率は80パーセント以上になる。

②課題を丸ごとまかせる

責任をすべて負うことは、まかされた部下にとっては大きな動機づけになる。

③具体的な目標値を伝える

計測可能な結果や成果であること。計測できれば、達成もできる。

④権限委譲に際して部下とよく話し合う

実際に仕事をはじめる前に、仕事の内容について上司ときちんと話し合った部下ほど、仕事に熱心に取り組むようになる。何が必要か、なぜそれが必要かといったことをきちんと説明すると、両者のあいだで合意が形成される。

・部下の理解度を確認する

ここに重要な考え方がある。人には「目で理解する人」と「耳で理解する人」の2種類がいるという考え方だ。視覚的な人は、文字に書かれた内容のほうがよく理解できる。聴覚的な人は、口頭で話し合い、音として耳でとらえたほうが理解できる。

マネジャーであるあなたは、部下に権限を委譲するとき、視覚と聴覚の両方に訴えなければならない。課題の内容を口頭で伝えるときは、かならず部下にメモを取らせる。そして話し合いが終わったら、部下に仕事の内容を口頭で説明させる。

若いマネジャーで会社のオーナーだったころの私は、部下に権限を委譲するときに、仕事の内容について話し合い、部下と合意に達すれば、それで満足していた。それだけで仕事が期日通りにきちんと仕上がると安心していたのだ。

だが、担当者が仕事を仕上げなかったり、言われたとおりの手順を踏まなかったりしたことがあとでわかって、イライラすることが何度もあった。実際は、彼らはそもそも仕事の内容をきちんと理解していなかったのだ。最初に話し合ったときに、すでに私は誤解していたのである。

それ以来、私は部下にまかせた仕事の内容を、自分で説明させるようになった。あなたも同じことをすべきだ。

⑤最終的な期日と、中間の区切りの期日をはっきり決める

まかせた仕事を「宙ぶらりん」の状態のまま放っておいてはいけない。大きな仕事なら、週ごとにどこまで進めておくかを決めた「中間締め切り」を設けておくことだ。1週間で終わるような仕事なら、1日ごとにどこまで進めておくかを決める。中間締め切りを

厳しく決めておくほど、全体の仕事が期日通りに終わる確率が高くなる。

⑥仕事をするのに必要なリソースを使う権限を委譲する

時間、資金、アシスタントなど、必要なリソースを担当者に与える。その際、使える時間について明確に決めておくこと。担当者本人に許された時間と、アシスタントとして付けた人たちが使える時間の両方を決めておく必要がある。予算についても明確に決めておくこと。「決めなくても大丈夫」というものは存在しない。

⑦権限を委譲したら、そこから先はすべて部下にまかせる

いったん部下に仕事をまかせたら、仕事を取りあげたり、仕事の一部を上司がやったりしてはいけない。

・権限委譲の逆転に注意する

『ハーバード・ビジネス・レビュー』に「マネジメントの時間：貧乏くじは誰が引く？」という有名な記事がある。筆者のウィリアム・オンケンは記事のなかで、部下にまかせたはずの仕事を自分でやるはめになり、バタバタしている上司がよくいると指摘する。

彼によると、部下という存在は「権限委譲の逆転」の名人だという。

どういうことかというと、権限委譲された仕事が半ばにさしかかるころ、担当の部下は

マネジャーのところに来て助けを求めるのである。その内容は、情報を集めることだったり、誰かに電話をすることだったりする。マネジャーもいい上司でいたいので、部下の願いを聞き入れる。

しかし、現実を見てみよう。部下が上司に仕事を頼むということは、立場の逆転を意味する。上司が引き受けた仕事が終わるまで、部下は次のステップに進むことができないからだ。まもなく部下がマネジャーになり、マネジャーが部下になる逆転現象が起こる。

そしてこの部下は、マネジャーのオフィスに顔を出し、「お願いした仕事の件なのですが、今はどんな感じになっていますか?」とたずねるようになる。

これからは、権限委譲した仕事で部下が助けを求めてきても、絶対に手を貸してはいけない。部下にアドバイスを求められたら、代わりに「きみはどうすればいいと思う?」とたずねよう。その答えが何であれ、あなたは同意し、自分が思うとおりに行動するよう後押しをする。こうすれば、自分でやらなければならないということを、部下もすぐに理解するだろう。一度まかせた仕事には、もう手を出してはいけない。

■例外的なことだけ管理する

権限委譲をもっとも効率的に進める方法の1つは、例外的なことだけを管理することだ。マネジャーであるあなたは、明確な目標、基準、期日を決めている。

だからその後は、何か例外的な事態になったとき、またはスケジュールから何らかの逸脱があったときにだけ、報告を受けるようにする。担当の部下が仕事をスケジュール通りに進めているかぎり、あなたに報告する必要はない。部下があなたに相談し、助けを求めるのは、何か不測の事態が持ち上がったときだけだ。

■参加型のマネジメント

すばらしい職場の特徴を1つあげるとすると、それはすべての社員が「自分は当事者だ」と感じられることだ。身内として扱われ、社内事情に通じている。社内で何が起こっていて、それが自分にどんな影響があるかをつねに教えられている状態だ。

参加型のマネジメントによって、社員は当事者として真剣に取り組み、組織の成功はすべて自分の成功のように感じることができる。人間には、自立、依存、相互依存のすべてを求める気持ちがある。そして参加型のマネジメントは、相互依存を求める人間の深い欲求を満たすことができる。社員たちは、まるで自分が組織の一部であるかのように感じることができる。会社の成功は自分の成功だという意識が芽生えるのだ。

ただし、参加型のマネジメントを実践するには、社内で起こっていることを全社員に伝えなければならず、社内で何らかの変化や進展があったら、ミーティングや個人的な会話で、社員からの質問につねに答える必要がある。

■継続的に部下を励ます

部下たちに対して、前向きな期待をしていることを継続的に伝えることが大切だ。部下の能力を完全に信頼していること、まかせた仕事をきちんと仕上げると信じていることを伝える。部下たちをつねに励ますようにしよう。仕事ぶりをほめてあげよう。能力を認め、存在を肯定することで部下を育てていくのだ。

つねに賞賛して、部下のいい仕事を見逃してはいけない。部下が何かいいことをしたら、それを本人に伝え、きちんとほめるのだ。

マネジャーとしての仕事のなかで、会社にとってもっとも大きな貢献になるのは、部下をいつも勝者の気分にさせることだろう。勝者を育てたいのなら、まず勝てる環境を整えなければならない。

そのために目標を決め、基準を決め、期日を決めるのは、マネジャーであるあなたの仕事だ。部下が目標を達成し、成功するのを助けなければならない。そして部下が成功したら、きちんと認め、賞賛し、報酬を与えなければならない。

部下を勝者の気分にさせるのは、最高のパフォーマンスを発揮できる環境をつくるのと同じことだ。そうすれば、あなたのために、そして会社のために、もてる力のすべてを発揮する人たちばかりが集まった職場をつくることができるだろう。

アクションエクササイズ

1 部下が毎日、すべての仕事で勝利を味わえるように環境を整える。

2 仕事の内容を明確に説明する。その後で、部下にも仕事の内容を説明させ、きちんと伝わったか確認する。

3 すべての仕事、すべての課題で、達成度を測定する明確な基準を決める。基準をすべての人に理解させる。

4 すべてのすばらしいパフォーマンスを認め、報酬を与える方法を考える。

5 仕事を完璧に完遂させるために必要なら、追加的なリソースも与える。

6 部下の仕事ぶりについて定期的にフィードバックを与える。人は自分の仕事のよし悪しを定期的に知る必要がある。

7 週ごとにミーティングを開いて部下全員を当事者として参加させ、自分の仕事の内容や、直面している問題、今後のプランについて発表させる。

第6章 正しい人材を選ぶ方法

最高のエグゼクティブとは、させたい仕事に最適の人材を選び、
選んだ人物がその仕事をしているときに、
自分が手を出すのを我慢できる分別のある人物だ。

——セオドア・ルーズベルト
（アメリカ第26代大統領）

ここまで読んだあなたは、部下の自尊心と自己像を高めるために最大限の努力をしていることだろう。しかし、肝心の人材選びで間違ってしまったら、その努力もすべて無になってしまう。

あなたの仕事は、雇った人間を別の誰かに変えることではない。最初から正しい人を雇い、その人があなたと会社のために最高の力を発揮できるような環境を整えることが、あなたの仕事だ。

正しい人材を選ぶことができる能力は、マネジャーとして、またはビジネスのオーナーとしての成功の95パーセントを占めている。しかし、驚くほど多くの企業が、最初から間違った人材を雇い、社内の全員が不必要な苦労や不満を味わう結果になっている。

ジム・コリンズは著書の『ビジョナリー・カンパニー2』（日経BP社）のなかで、こんな名言を残している。

「正しい人をバスに乗せる。間違った人をバスから降ろす。そして、正しい人をバスの正しい座席に座らせる」

コリンズによると、これはビジネスで成功する7つの鍵の1つだという。

正しいときに、正しい人を選び、正しい仕事を与える。すべてはこれにはじまり、これに終わる。むずかしい性格の人や、能力の足りない人が1人いるだけでも、チーム全体のパフォーマンスが損なわれることもある。第2章で、ワクワクするようなビジョンを描くことについて述べたが、このときいっしょに働きたい人、自分の下で働いてほしい人のビジョンを描くことも大切だ。

そこでこの章では、理想の人材を雇う方法について見ていく。

ピーター・ドラッカーは、「ほとんどの採用は、長い目で見れば失敗に終わる」と言っている。雇った人間のうちで正解だったといえるのは、どうやら全体の3分の1しかいないようだ。そして普通の働きをする人が3分の1、残りの3分の1は完全な失敗だ。マネジャーであるあなたの仕事は、正解の確率を上げ、平均的なマネジャーよりも採用においていい成績をあげることだ。

間違った採用は高くつく

間違った採用は、あなたにとっても会社にとっても高くつく失敗だ。どれぐらい高いかというと、その人物の年収の3倍から6倍のコストがかかる計算になる。なお、間違った採用にかかるコストは、次のようないくつかの要素で計算される。

・そもそも採用にかかった時間
（あなたを含む採用担当者は、その人物を選ぶために、面接などで時間を使っている）
・トレーニングのコスト
（その人物を使えるようにするためのトレーニングや、会社になじませるためのコストがかかる。トレーニング期間はだいたい2カ月から3カ月、またはそれ以上かかる）

・その人物が仕事を覚える前に払う給料と福利厚生費
・その人物を監督する時間とコスト
（監督者に払う給料と福利厚生費も含まれる）
・その人物が新人のあいだは生産性が低いこと
（ほぼすべての採用で、最初の数カ月はこれが避けられない）

採用した人が、何らかの理由によって半年から1年で辞めてしまったら、以上のような投資が100パーセント無駄になってしまう。取り戻す術もなく、価値は一切残らない。しかも、間違った人を雇ってしまったために、あなたは採用のプロセスをまた一からくり返すことになる。つまり、また時間とお金がかかるということだ。

もっとも利益をあげている企業が、もっとも離職率の低い企業であるのも、おそらく偶然ではないだろう。社員が辞める理由が何であれ、離職率の高い企業は他の企業に比べて利益が低くなっている。

さらに見えないコストとして、社員の士気の低下がある。周りの人がどんどん辞めていくような環境では、社員の士気はどうしても下がってしまう。新しい人が入ってきたと思ったら、すぐにいなくなってしまうのだから、自分の将来が心配になって当然だろう。社員は、経営陣は大丈夫なのか、この会社には何か根本的な問題があるのではないかと不安になってくる。そして、入ってすぐに辞めていった人たちの噂話に多くの時間を費やすようになる。その結果、生産性が落ちる。離職率の高い職場は、社員のモチベーションが低く、会社に貢献しようという気持ちもあまりない。そして会社全体が失速する。

優秀な人材はお金がかからない

一方で、優秀な人材は無料だ。つまり、有能で、生産性が高く、周囲とうまくやっていける社員は、会社が払う給料や福利厚生費よりも、さらに多くの価値を会社に提供してくれるということだ。実際のところ、基本原則として、社員は自分にかかるコストの3倍の価値を会社に提供しなければならないことになっている。

知識職、技術職、秘書職、事務職の場合、生み出す価値を数字にするのはむずかしいが、それでも自分にかかったコスト以上の価値を生み出さなければならない。それができないと、自分の存在が会社にとって損失になってしまう。

2009年、アメリカの新聞紙上で大きな論争が巻き起こった。2008年から2009年にかけて深刻な財務問題を抱えていたシティバンクが、ニューヨークの商品トレーダーに1億ドルのボーナスを支払ったのである。政治家たちは憤慨した。1億ドルのボーナスをもらう価値のある人間など存在するわけがない。

シティバンクの幹部は辛抱強く説明した。このトレーダーはきわめて優秀で、ボーナスは業績に応じた額になっている。彼がシティバンクのために生み出した利益のうち、決まったパーセンテージが彼のボーナスになる。問題になっている年を見ると、彼はシティバンクのために20億ドル以上の利益をあげた。だから1億ドルのボーナスも、あらかじめおたがいに合意していた契約に従って支払っただけだということである。

採用は解雇からはじまる

多くの場合、採用はまず解雇からはじまる。優秀な人材を集めた最高のチームをつくりたいのなら、まず間違った人にバスを降りてもらわなければならない。

マネジャーの仕事で一番ストレスが大きいのは、自分が解雇されることだ。そして次にストレスが大きいのが、部下を解雇することだ。悲しい話だが、解雇するほうで経験を積まないでいると、解雇されるほうを経験するはめになってしまう。能力のない部下を解雇できずにそのままにしていると、会社は部下を解雇できる人材を他に見つけてくるだけだからだ。

ピーター・ドラッカーはこう言っている。

「無能な部下を解雇しないマネジャーは、そのマネジャー自身が無能である」

ビジネスのキャリアを通じてもっとも重要なツールの1つに、「ゼロベース思考」という考え方がある。これは会計を参考にして生まれた考え方だ。会計の世界で「ゼロベース」というのは、年度や4半期などの区切りで予算を見直し、「現在この予算がゼロだとしたら、今知っていることから判断して、これに予算をつけるだろうか」と考えることだ。予算を増やすか、それとも減らすかという問題ではなく、そもそもお金をかける価値があるかということについて、根本から問い直すのである。

有能なマネジャーは、このゼロベース思考ができる。自分の過去の決断について、定期的に「そもそもこれは必要か」と問い直すのである。自分が過去にくだしたすべての決断を定期的に振り返り、現在の状況と情報をもとに再評価するのだ。

自分の決断が間違っていたかもしれないと認めるには、とても大きな勇気が必要だ。しかし、失敗をするのはかまわない。現在のように世界が混乱し、状況がめまぐるしく変化するような時代では、決断の70パーセントは間違っているだろう。ここで問題になるのは、いつ間違いを認め、必要な変化を起こすかということだ。

採用でゼロベース思考を実践する

採用と解雇でゼロベース思考を使うなら、あなたは次のように自問することになる。

「今までに得た情報から判断すると、現在の部下のうちで、もし今応募してきたら採用しないであろう人物はいるだろうか？」

この考え方は、「Knowing What I Now Know（現在の知識から判断すると）」の頭文字を取って「ＫＷＩＮＫ分析」と呼ばれる。ＫＷＩＮＫ分析は、ビジネスのあらゆる分野で定期的に使うべきで、とくに人事の分野で役に立つ。

だから、部下の一人ひとりについて考えてみよう。その人物の能力や働きぶりについて、現在知っていることを採用時にも知っていたら、そもそもその人物を雇っていただろうか。もし雇っていないという答えになったら、次の質問はこうだ。

「その人物にいなくなってもらうには、どうしたらいいだろうか？　そして、いつまでにいなくなってもらうべきか？」

採用時に現在の情報があれば雇っていないと判断したのなら、その人物を今から鍛え直すのは不可能だ。そこで問題は、あなたがすべきことに着手するのに、どれくらいの時間がかかるかということになる。

ところで、ゼロベース思考が必要かどうかは、どうしたらわかるだろうか。その答えは「ストレス」だ。ストレス、不満、怒り、失望など、特定の部下に対して何らかのネガティブな感情をもつようになったら、ゼロベース思考が必要なサインである。

「その部下について現在知っていることを採用時にも知っていたら、その人物を採用しただろうか？」と、問い直す時期がやってきたということだ。

採用の判断でゼロベース思考を活用するなら、他にはこんな質問の仕方もある。

「現在の部下のなかに、もし辞めたいと言ってきたら、とくに引き止めようとは思わない者はいるだろうか？」

どんなマネジャーでも、心の奥底で部下が自分から辞めてくれることを願った経験があるはずだ。辞めてほしかった部下が本当に自分から辞めてくれると、マネジャーは心からほっとするものである。

■間違った同情をしない

仕事のできない部下を解雇できない理由の1つに、間違った義理や同情がある。自分がその部下を辞めさせないのは、他のマネジャーよりも優しいからだと思い込み、自分をごまかしているのである。

しかし、これは単なる自己欺瞞だ。能力の足りない部下を解雇しない本当の理由は、勇気がないからだ。誰かをクビにすることで生じるストレスを恐れているだけで、優しさや同情心はまったく関係ない。

ここで重要な指摘をしよう。現在の知識があったらそもそも採用しなかったと判断したのなら、その部下は今の仕事を続けていても未来はない。解雇されるかもしれないし、自分から辞めるかもしれないが、とにかくその人物は早晩いなくなる。状況はこれ以上よくならない。今からでは遅すぎるのだ。

本当にその人のためを思っているのなら、その人を自由にしてあげるのが一番だ。その人が現在の仕事を続けていても未来はないと判断したのなら、解雇するのがマネジャーとしての最高の優しさだ。今の会社でその人の未来がないのなら、縛りつけておくのはかえって気の毒だ。その分だけ、本当に自分に合った仕事を見つけるのが遅れてしまうからだ。

■罪悪感をもたず、相手を責めない

昔からよく言われているように、欠点とは使う場所を間違えた長所だ。だから、もし部下の誰かが仕事を適切にこなさず、あなたが与えた仕事をする能力が明らかに欠けているとしても、その人物のすべてが否定されるわけではない。ただ単に、相手の能力と、あなたの希望が一致しなかっただけの話だ。

なるべく早くこの不一致を見つけ、その人物を解放してあげれば、その人物はもっと自分に合った仕事を見つけることができる。これは両者にとってプラスになる。

部下の一人ひとりについて、ＫＷＩＮＫ分析を使って検証してみよう。部下が原因のストレスやイライラを感じたら、「今知っていることをもとに採用をやり直すとしたら、この人物をまた雇うだろうか？」と自分にたずねるのだ。

そして、勇気をかき集めて必要な行動を起こし、その人物を解雇したら、あなたも他の多くのマネジャーと同じ気分を味わうだろう。解雇を経験したマネジャーは、みな「もっと早くやっていればよかった」と気づくことになる。

最高のパフォーマンスを発揮するチームをつくるには、まず「間違った人をバスから降ろす」ことをしなければならない。そうやってつくり上げたあなたのチームは、あなたに最高のビジネス人生を約束してくれるだろう。

勝者になりうる人材を選ぶ方法

多くのマネジャーは、採用に関する訓練を一度も受けたことがない。何の前兆もなく、いきなりいっしょに働く人を選ばされるのである。採用と結婚はとてもよく似ている。採用する人材を選ぶのは、結婚相手を選ぶようなものだ。

しかし多くのマネジャーはこの事実を知らず、採用では結婚のときのように慎重にならない。採用する人を、その場の思いつきでいいかげんに選んでしまう。その結果、とくに新人マネジャーのころは、採用で何度も間違いを重ねてしまうのである。

しかし、そんな間違いをする必要はもうない。採用の秘訣はすべてわかっている。毎年、何千万もの人々が採用され、何らかの仕事をまかされているのだから、必要な知識は十分に蓄積されている。採用に関しては、すでに具体的なステップが存在するので、そのステップに従えば、適正な人材を選ぶ確率が劇的に向上する。適正な人材を、適正なときに、適正な給料で雇い、適正な職を与えることができる。しかも、チームの他のメンバーともうまくやっていける人材だ。車輪を最初から発明し直す必要はないのだ。

■紙の上で考える

まずは、紙の上で考えることからはじめよう。

頭と手を使うと、つねにすばらしい考えが浮かんでくるものだ。何かを紙に書くと（パソコンを使わず、かならず紙に手書きすること）、自分の求めるものがより明確に理解できる。自分が求める人物像を、文章にして紙に書くことができないのなら、そもそも自分の望みを理解していないということだ。

完成させなければならない目の前の仕事を念頭に置き、その仕事に最適な人材を具体的に思い浮かべよう。理想的な人材の姿を描くことができたら、次に関係する他の人たちとも話し合う。チームのメンバーにも、意見やアイデアを出してもらうのだ。

部下たちにも採用のプロセスに積極的にかかわってもらうと、彼らはきっとすばらしいアイデアを出して、あなたを驚かせてくれるだろう。部下たちの提案やアイデアのおかげで、正しい人材を選ぶ確率もぐっと上がるはずだ。

■時間をかける

選別と採用には十分に時間をかけよう。性急な採用は、ほぼ例外なく失敗に終わる。昔から言うように、「急がば回れ」だ。

社員を新しく採用しようと決めたときは、まずその人にまかせる仕事について、最初から終わりまでつぶさに考える。前例にとらわれず、仕事を新しくつくるつもりで考えるのだ。最近では仕事の内容はあっという間に変わり、必要なスキルを書いてもすぐに古くさくなってしまう。ある仕事に欠かせないとされているスキルは、来年にはもうまったく重視されなくなっているかもしれないからだ。

だから、仕事の内容を考えるときは、まったくの白紙の状態からはじめるようにしよう。自分に新しい仕事を一からつくる能力があると想定し、今の業務内容を見て、必要になったものを加えて、重要ではなくなったものを取り除いていくのだ。

■結果から書きだす

業務内容を検討するときは、まかせる仕事に求められる「結果」を具体的に書く。

結果は多くの面で目標とよく似ている。具体的で、計測できて、そして期限が決まっている。とくに似ているのは、仕事を担当する個人が単独で責任をもつという点だ。

新しく採用することになる人物は、どんな責任を負うことになるのだろうか。あなたと会社のために、何を生み出さなければならないのか。その人物に、ある特定の課題をすべて自分だけで処理させるのか。それとも、その人物が仕事の一部を担い、他のメンバーが同じ仕事のそれ以外の部分を受けもつのか。

会社や部署を1つの工場と考えるなら、そこで働くスタッフは、生産ラインでそれぞれの仕事をこなす工員ということになる。次々にバケツを手渡していくバケツリレーと同じように、ビジネスの世界でも、前の人が完成させた仕事を受け取り、自分の担当を完了させ、そしてまた次の人に引き継ぐ。知識労働の場合はこの例にぴったりと当てはまらないが、それでも人を採用するということは、ある特定の生産ユニットを雇うということでもある。ここでも、紙の上で考えることが大切だ。

■結果を計測する

結果はどうやって計測するのだろうか。ここで大切なのは、計測できないものは、管理もできないということだ。ある仕事が満足できる結果に終わったかどうかは、どうやって判断するのか。他の人たちは、その仕事の質をどうやって判断すればいいのか。

あなた自身も、その仕事を担当する新人も、「卓越した仕事」に必要な条件を、明確に理解していなければならない。新人に理解させるのはあなたの責任だ。これは、高いパフォーマンスを実現する職場に欠かせない要素である。

スキルと経験を見分ける

仕事をするにあたり、新人にはどのようなスキルと経験が必要だろうか。理想的な候補者がもっているべきスキルのうち、一番重要なものは何か。ここでの賢い方法は、そのスキルを前の仕事ですでに身につけている人を雇うことだろう。必要なスキルをもたない人を雇い、時間とお金をかけ、苦労しながら訓練するよりもずっといい。

■相性を見分ける

どんな性格の人が、あなたや会社と相性がいいといえるだろうか。

これは、採用のときにもっとも重視すべき問題の1つだ。人が最高の力を発揮するには、チームとの相性がよくなければならない。他のメンバーと協調して働くことができ、他のメンバーから好かれ、尊敬されている必要がある。また、どんな会社にも独自の「性格」がある。会社の性格はトップで決まり、それが下まで浸透していく。

伝統があって保守的な会社は、慎重で安定を好み、騒ぎを起こすような社員を敬遠する。彼らのモットーは「うまくやっていきたいなら波風を立てるな」だ。一方で、とくに若いハイテク企業などは、もっとオープンで、自由に自分を表現し、起業家精神に富んでいる。そして自由な発想や創造性を歓迎する。製品、業務のプロセス、サービス、顧客についての議論や、それぞれを向上させる方法に関する議論を奨励する。

■正しい人かどうか見分ける

講演をしているときに、ある女性が私のところにやってきてアドバイスを求めた。

自分の仕事について話す彼女を見たところ、どうやら仕事に不満を抱えているようだった。彼女の勤める会社は100年の伝統があるという。マネジャーたちはみな、勤続20年から30年だ。そのため、彼女が仕事のやり方を改善する方法を提案するたびに、または商品の生産や顧客サービスをもっと効率化する方法を提案するたびに、マネジャーから「きみの提案は求めていない」ときっぱりと拒否されてしまうという。彼らは現状を変えることを好まなかったのだ。私は彼女にどんなアドバイスを与えたか。

私はこう言った。あなたはとても野心家で、自由な発想ができる人のようだ。しかしどんなに頑張ったところで、会社も上司も絶対に変わらないだろう。彼らの性格は、それまでの全人生をかけて形成されている。彼らの周りにも、同じ世界観をもつ人ばかりが集まっている。あなたにとって最善の行動は、もっと若くて動きのある会社に転職することだ。そういった会社なら、そのエネルギーとアイデアが評価されるだろう。

彼女は私のアドバイスを聴くと、感謝の言葉を述べ、そして去っていった。

その1年後に同じ街で講演を行ったところ、あの女性がまた私のところにやってきた。彼女は見るからに充実して幸せそうだった。どうやら私のアドバイスどおりに行動したようだ。あれから彼女は、若者がはじめた起業3年目の会社に転職し、新人として一番下の地位から仕事をはじめた。そして数カ月のうちに昇進し、それからまた昇進し、また昇進した。給料は前の会社に比べて4割も増えた。

しかし、この転職で一番よかったのは、彼女自身が仕事に満足していることだろう。とてもエキサイティングな仕事で、毎日会社に行くのが楽しみだという。

■正しい人を正しい席に座らせる

大切なことは、丸い棒を四角い穴に入れてはいけないということだ。

たとえ仕事に必要な才能、能力、経験を備えたとしても、会社の文化と合わない性格ではどうしようもない。その人物の性格や気質が、会社のトップのそれとは異なるのなら、採用しても長い目で見ればうまくいかないのがわかるだろう。あなたにとっても、その人物を解雇し、また新しい人を採用するという面倒が増えるだけだ。

相性の問題については、事前にきちんと考えておこう。求める人物像を思い描き、他の人と話し合い、自分の考えを紙に書いたら、次の段階は募集要項を詳細に書くことだ。新しく雇う人物には、具体的に何をどのようにやってもらいたいかについてだ。

募集要項はきちんとまとめる

募集要項を準備する際は、まず担当させる仕事で出さなければならない結果をすべて書きだす。理想的な候補者に求められる教育レベル、スキル、経験をリストにする。さらに自分と相性がよく、会社に溶け込めそうな理想的な性格と気質を描写する。

理想的な人物を思い描き、その人が備えている資質や特徴をすべてリストにするのだ。このリストの項目は20から30ぐらいになるだろう。次に、優先順位に従って各項目に点数を割り当て、合計で100点になるようにする。

あなたがもっとも重視する資質は何だろうか。普通であれば、それは過去の実績になるだろう。その人物にまかせようと思っている仕事のうち、もっとも重要な部分で成功したことがあるという実績だ。この項目には、10点か20点が割り当てられるだろう。いっそのこと50点でもかまわない。

では、2番目に重視する資質は何か。そして3番目は？　そうやって優先順位をつけていく。リストをくり返し吟味し、点数を割り当て、最後に点数の高い順に項目を並べ替える。きっとリストの上位20パーセントの項目が、80点以上を占めているだろう。またリストの項目は、「必須条件」と「希望条件」にはっきり区別しておくこと。

■必須条件と希望条件を分ける

理想的な候補者が、絶対に、例外なく備えていなければならない資質がある。その一方で、あればうれしいが、なくてもかまわない資質もある。たとえば、私が理想的な候補者の資質をリストにするときは、かならず「会社からそれほど遠くない場所に住んでいる」という項目を加えるようにしている。

しかし、この項目に割り当てる点数は、いつも1点か2点にしかならない。スキル、能力、経験といった項目のほうがずっと大切だからだ。住んでいる場所は「希望条件」であり、条件が合えばうれしいが、絶対に必要というわけではない。現在、うちの優秀なスタッフのなかには、50kmから60kmほど離れた場所に住んでいる人もいる。

ここで他のメンバーにも、じっくり時間をかけて点数を割り当てたリストを見てもらう。そして彼らにも自由に意見を言ってもらうのだ。貴重な意見がたくさん集まり、あなたは驚くはずだ。

さあこれで、理想の人材を惹きつける求人広告をつくる準備が整った。

ここまでのエクササイズのおかげで、あなたの考えはきわめて明確になっている。広告の最初の言葉は、たとえば次のようになるだろう。

「○○の分野で優れた実績のある人材を求む……」

次に、その仕事で求められる具体的な結果をリストにする。くわえて、求められる性格や気質をリストにしてもいいだろう。「友好的で、創造力が豊かで、協調性のある人物」というように。求人広告の草案ができたら、ここでもう一度チームのメンバーにも見てもらう。他のメンバーの意見を取り入れることで、さらに内容を向上させ、理想的な人材を惹きつけることができるはずだ。

■募集の網は大きく張る

求める人材を文章で明確に描写する作業が終わったら、今度は網を張る段階だ。なるべく大きな網を張り、幅広く人材を求めるようにする。求人広告をさまざまな場所に掲示するのだ。インターネットの求人サイトも活用できる。その場合、興味のある人には履歴書をメールで送ってもらい、内容を確認してから返事を出すようにすればいい。

求人広告を出す以外にも方法はある。たとえば、内部の人材を通じて探すという方法だ。求人案内を社内に掲示して、求める人材の特徴を社内の人に伝えるのだ。

ある会社は、社外の優秀な人材を連れてきた社員に、紹介1人につき1500ドルのボーナスを出した。このボーナスは3段階に分かれていて、新人が採用された時点で500ドル、半年続いたら500ドル、そして1年後に500ドルだ。

一般的な会社員には、ファーストネームで呼び合う知人が平均して300人いる。すべての社員に金銭的なインセンティブを提示し、社外の優秀な人材を探してもらえば、一度に数百人、場合によっては数千人の候補者がかかる網を張ったことになる。

社員による紹介制度のもっともいい点は、紹介者が会社のことをよく知っているということだ。そもそも自分も働いているので、会社に最適な人材の特徴をよく理解している。また、間違った人材を紹介して、恥をかくのも避けたいと思っているはずだ。そのため、かなり厳選した人材を紹介してくれる確率が高い。

このようにして、すべての採用を内部の推薦で決めるという会社も存在する。

それ以外にも、管理職リクルーターなどを活用するという方法もある。取引先の紹介という方法もあるだろう。求める人材の特徴を彼らに伝えておけば、それに合致する人を見つけたときに、あなたの会社について話してくれるはずだ。

応募書類は迅速に選別する

探している人材の特徴を社内外に広く知らせたら、次のステップは送られてきた応募書類の選別だ。インターネットで募集すると、たいてい数十人、多くて数百人の応募がある。あなたはここで、集まった書類を迅速に選別し、次の行動につなげなければならない。

まずは、あなたの募集に直接応えている書類だけを選び出す。冒頭に特定の求人への応募であること、そしてあなたやあなたの会社宛であることがはっきり書かれている書類を選ぶ。次に必要なのは履歴書だ。その仕事にふさわしい人材である根拠がはっきりわかるような履歴書でなければならない（履歴書の確認方法については後述する）。

■電話選考でふるいにかける

書類選考を終え、候補者の数をある程度まで絞ったら、残った候補者にメールを出して電話面接の日時を伝える。電話は向こうからかけてもらう。この電話選考だけで、実際に会わなくても、応募者の80パーセントから90パーセントをふるい落とすことができる。

電話がきたら、求人広告の募集要項と直接関係のある質問をする。なぜ自分にその仕事ができると思うのか、その根拠を説明してもらうのだ。どんな経験があるのか。過去に同じような仕事でどんな結果を出したのか。何年ぐらいの経験があるのか。

なかでも大切なのは、候補者があなたの会社のウェブサイトを見たかどうかという質問だ。これには自由回答式の質問で、ウェブサイトの印象について話してもらう。

たとえば、「弊社のビジネスの印象を教えてください」「弊社の主力となる製品とサービスは何だと思いますか？」「弊社のビジネスのどの部署にあなたは一番合っていると思いますか？」といった質問だ。

驚いたことに、わざわざ求人に応募し、電話までかけてきたというのに、彼らの多くは応募する会社のウェブサイトもまともにチェックしていないことが多い。自社のウェブサイトについてたずねることは、候補者を絞る効率的な方法だ。
サイトは見ていないという答えなら、電話面接はそこで終わりだ。電話をしてくれたことに対して礼を言い、縁がなかった旨を伝えよう。

■会う価値のある候補者をみきわめる

あなたが求めるのは、求人広告をきちんと読んだ人たちだ。彼らは内容をきちんと読み込み、自分がその仕事にふさわしい理由も考えている。会社のウェブサイトを見て、中身も詳しく読んでいる。あなたのビジネス、製品、サービスについて、規模、性質、構造ともに理解している。電話で話したときの印象が、知識もありそうで、この仕事に興味があり、そして興味深い人物であれば、有望な人材であることを示している。

平均的な求人市場では、実際に会う価値のある候補者は、応募者12人から19人に1人の割合だろう。ここからが採用の本番だ。実際に会っての面接、そしてその後の選考によって、最適の人材を選べるかどうかが決まる。

採用を成功に導く3の法則

採用における「3の法則」はとても強力なテクニックであり、これを使えば採用の成功率は90パーセントにもなるだろう。この法則を用いることで、あせらずに落ち着いて考え、より正確な判断をくだせるようになる。3の法則を使う場面は4つある。

①かならず3人以上と面接を行う

3の法則の1つめは、最低でも3人の候補者と面接するというものだ。

1人目の候補者がどんなに完璧に見えても、その場で決めてしまってはいけない。そこで決めてしまうと、あとで、その人のピークは最初の面接のときだったということになりかねない。第一印象がよすぎると、あとはだいたい下り坂だ。なかにはあっという間に下降していく人もいる。

3人の候補者を面接すれば、どんな人が雇えるのかということについて、少なくとも3種類の可能性を見ることができる。1人目はまずまずで、2人目はごく普通、そして3人目はすばらしいかもしれない。いずれにせよ、どんなに気に入った候補者がいても、最終的な決断は先に延ばしたほうがいい。

②面接は最低でも3回行う

3の法則の2つめは、気に入った候補者の面接は、少なくとも3回は行うというものだ。たとえ秘書の仕事であっても、採用までに10回から20回の面接を行うという企業も数多く存在する。採用に時間をかけるほど、優秀で長続きする人材が見つかることを知っているからだ。

面接も2回目になると、候補者のガードはかなり下がっている。最初の面接では完全に見落としていたことも、よく観察できるようになるだろう。そして3回目になると、そもそもその人物を雇おうとしていたことに驚くことも多い。3回面接を重ねれば、最初のうちは気づかなかったまぎれもないミスマッチや欠点が見えてくる。

③3つの違う面接場所を設定する

3の法則の3つめは、3つの違う面接場所を設定することだ。

人はいわゆる「カメレオン効果」の影響を受ける。カメレオンが周りの環境に合わせて体の色を変えるように、人間も環境が変わればそれに合わせて性格も変わる。オフィスでの面接では、プロらしく、自信たっぷりに威厳を保っていた人でも、向かいのカフェでいっしょにコーヒーを飲んでみれば、違った性格を見せるかもしれない。

たとえば、最初の面接はあなたのオフィス、2回目の面接はスタッフルームか、または廊下の向かい側にある会議室、そして3回目の面接は社外のどこかでコーヒーかランチをともにするという方法もあるだろう。採用を決める前に、候補者の配偶者も交えたディナーの席をかならず設けるという会社も多い。場所を変えれば、相手もさまざまな側面を見せてくれる。その側面に感心することもあれば、しないこともあるだろう。

このように、採用のプロセスに時間をかけるほど適正な人材を選べるようになる。

④自分以外に3人が面接を担当する

次に紹介する「3の法則」は、自分の他に3人に面接を担当してもらうことだ。

私もマネジャーとして、この法則には大いに助けられてきた。まだ若いマネジャーだったころも、次に若いビジネスオーナーになったときも、私は1回の面接で採用を決めていた。その結果、雇っては辞める、雇っては辞める、のくり返しになってしまった。なかにはたった1日か2日で辞めていった人もいる。離職率が高いために社内は混乱し、社員の士気が低下し、長い目で見ればかなりのお金が無駄になった。

それが、3の法則を取り入れて採用プロセスに時間をかけるようにしたら、採用の質が劇的に向上した。ただし、3の法則が本当に威力を発揮したのは、この4つめの決まりを採用したときだった。自分で面接を行い、「これだ」と思う人が見つかると、その人を連れてオフィスを案内し、いろいろな人に会ってもらうようにしたのだ。

ポイントは将来の同僚になる可能性のある人すべてに紹介することだ。まず1人目のスタッフに紹介し、2人でおしゃべりをしたり、いっしょにコーヒーを飲んだりしてもらう。そのあと、また次のスタッフに紹介して同じことをくり返す。会話はすべて1対1のカジュアルな雰囲気による、同僚同士の気軽なおしゃべりが望ましい。

そして候補者が帰ったら、チームを集めて投票を行う。この投票は全員一致が原則だ。全員が採用に賛成でなければ、その候補者は採用されない。たとえ1人でもメンバーが反対し、その後の話し合いでも納得できなかったら、その候補者は不採用となる。

チームを巻き込むとうまくいく

採用においてチームを巻き込むことの利点はたくさんある。

まずあげられるのは、面接と採用のプロセスに参加させると、会社への帰属意識が強まるという点だ。いきなりまったく知らない新人を放り込まれるよりも、採用の段階から参加していれば、会社の一員であるという気持ちがより強くなるからだ。

2つめの利点は、事前にチームメイトとなる候補と実際に話し、評価する機会を与えられると、チームが初日から新人に対して協力的になることだ。採用前からすでに個人的なつながりができているので、誰もが新人のキャリアを気にかけるようになっている。自分が選んだ人物だという意識があるため、新人の成功に責任を感じるのである。

それに新人のほうも、仕事の初日から友人に囲まれているような気分になれる。チームのメンバーがやってきて、困ったことがあるときには手を貸してくれるだろう。コーヒーやランチに誘ってくれるだろうし、仕事のあとの一杯にも誘ってくれるかもしれない。こうやって新人は、すぐに職場の一員として溶け込むことができる。これもチームのメンバーが、そもそも自分が雇った人物だと感じているからだ。

候補者はSWANの公式で評価する

採用面接のときは、4つのポイントで候補者を評価する。「利口（Smart）」「勤勉（Work hard）」「野心的（Ambitious）」「性格がいい（Nice）」の4つだ。それぞれの頭文字と、この法則の生みの親であるエグゼクティブ・リクルーターのジョン・スワンの名前から、「SWANの公式」と呼ばれることも多い。

①利口な人を探す

知性のある人は、仕事ができる確率も高い。ある研究によると、候補者の知性から新しい仕事での成功を予測すると、72パーセントの確率だという。賢い候補者であるほど、理想的な人材である可能性が高いのだ。

知性を測る1つの指標は学歴だ。高い教育を受けている人ほど、高い知性を備えていると考えられる。他には、読書量や、自分を高めるための勉強量なども指標になる。読書量が多い人、テープを聴いたりセミナーに通ったりして自己啓発の勉強をしている人ほど、知性があって仕事ができる人である可能性が高い。

知り合いのマネジャーで、候補者を選り分けるいい方法を開発した人がいる。彼は最初の面接で、まずこんな質問をする。

「読書、テープを聴く、セミナーに通うなど、自分を磨くために行ったことと、その内容について話してください」

そこで彼は口をつぐみ、相手の答えをじっと待つ。候補者が答えを1つも思い浮かべることができなかったら、彼はそこで立ち上がり、来てくれてありがとうと礼を言い、出口に案内する。そのときに、この仕事はあなたには向いていないと告げる。

彼は何年にもわたって苦い経験を重ねた結果、学びつづけることに興味をもたない人は、長い目で見て自分のビジネスで成功できるような人ではないことに気づいたのである。「向上していないのなら、劣化しているのだ」と、昔から言われるとおりだ。

読書をしない人、スキルの向上を怠る人は、めまぐるしく変化する現代では、いずれ取り残される運命にある。利口なだけでなく、そのうえでさらに努力している人を探す必要があるのだ。

おそらく、知性を測る指標としてもっとも信頼できるのは「好奇心」だ。知性的な人はたくさん質問をする。平凡な人なら、何もたずねず、ただあなたの質問に答えるだけだ。

それに対して知的な人が知りたがるのは、仕事内容、製品とサービス、業界の将来性、そしてこの会社で自分がどのように成長できるか、といったことだ。彼らは、あなた自身についてもたくさん質問するだろう。積極的な関心をもっているからだ。

②勤勉な人を探す

80対20の法則は仕事にも当てはまる。現在働いている人の80パーセントは怠け者だ。普通の怠け者か、かなりの怠け者か、とんでもない怠け者だ。ともかく彼らの共通点は、何とかして仕事を少なくし、楽をする方法を探していることだ。始業時間ぎりぎりにやっと仕事をはじめ、終業時間になったとたんに仕事を切り上げる。同僚とのおしゃべりや、仕事とはまったく関係のない個人的なあれやこれやで、勤務時間の大半をつぶしているのだ。

勤勉に働く人は、ある作家が「アウトパフォーマー」と呼んだ存在になる。彼らは馬車を引く馬であり、客車を牽引する蒸気機関車だ。彼らアウトパフォーマーが80パーセントの仕事をこなすので、成功の80パーセントは彼らのおかげだ。マネジャーであるあなたの仕事は、できるかぎりたくさんのアウトパフォーマーを雇うことである。

人がどれだけ勤勉かを判断するには、「仕事をスケジュール通りに完遂させるため、ときには残業や休日出勤をお願いすることもあります。それについてはどう思いますか？」

とたずねるといい。この質問をすれば、たいていその場で怠け者があぶり出される。

彼らは言葉を濁しながらも、私生活を大切にしているとか、週末の休みは自分にとって欠かせないとか言いだすだろう。就業時間内ならいくら働いてもかまわないが、時間外の労働は勘弁してもらいたいと言う。ここは、ただ相手の答えを静かに聞き、印象を胸に刻み込もう。残業を嫌がる人は、就業時間内でもそんなに働かないものだ。

この質問への正しい答えは、「必要なら何でもやります！」だ。

勤勉な人は、仕事を成功させるためなら何でもやる。何時間かかってもかまわないし、そのためにどれだけ残業しても、どれだけの週末がつぶれてもかまわない。しかし、口だけは勤勉なふりをする人もいるので要注意だ。紹介者から話を聞くときは、「10点満点でこの人物の勤勉さを評価すると何点か？」という質問を忘れないようにしよう。

③野心的な人を探す

最高の候補者は野心的な人物だ。彼らは人生でつねに上をめざしている。実際のところ、人が最高の仕事をめざす動機のうち、もっとも強力なのはこの「上に行きたい」という気持ちだろう。すばらしい仕事をした結果として、さらに上の段階に行くことができるので、人はいい仕事をしようと頑張るのである。

今日の求人市場を考えると、過去数年のあいだに複数の職を経験した候補者がやってきても不思議はない。転職の原因が、成績不振による解雇やレイオフだったら、転職の多さはマイナスになる。しかし、その候補者が野心的で、さらにやりがいのある仕事や、今よりも稼ぐチャンスを狙っての自主的な転職なら、転職の多さは逆にプラスになる。

ここでは次のような質問をするといいだろう。

「今から3年後から5年後の自分はどこにいると思いますか？」

多くの人は「御社の仕事をしていたいと思います」と答える。しかしここでもっとも優れた答えは、「すばらしい仕事をするチャンスに恵まれ、その結果として昇進し、業績にもとづいてさらに多くの給料をもらえるようになりたい」というものだ。

そのように答えた人は、「すぐにたくさん給料がもらえるようになるにはどうすればいいか」といった質問までするかもしれない。このタイプがまさに伸びる人材だ。昼も夜も勤勉に働き、チャンスを逃さずものにしていく。

④性格がいい人を探す

SWANの法則の4つめは、「性格がいい人を探す」だ。ここはとことんまで自分勝手になってかまわない。自分の好きな人、いっしょにいて楽しい人だけを採用しよう。いくら能力やスキルがあっても、むずかしい性格の人を雇ってはいけない。自分は気に入らなくても、他のスタッフなら我慢できるかもしれないという甘い考えは禁物だ。

はきはきした使えない人たちに注意する

人柄のいい人を探すときは、「はきはきした使えない人たち」に注意しよう。

近ごろでは、この種の人たちをあらゆる場所で見かけるようになった。面接を受けるたびに採用され、そして職場をさんざん引っかき回すのである。マネジャーにとっては、まさに悪夢のような存在だ。

どんなマネジャーでも、いずれ面接ではきはきした使えない人に会うことになるだろう。うっかり採用してしまうこともあるかもしれないが、この種の人たちは、たった1つのスキルしかもっていない。それは、「面接で好印象を与える」というスキルだ。

彼らは気立てがよく、親しみやすく、魅力的で、ユーモアのセンスがあり、あなたについてたくさんの質問をする。あなたという人間に魅了され、あなたの人生に個人的な興味をもっているように見せる。

そんな人を目の前にしたら、たいていの人がすぐに心を開いてしまうだろう。しかし、この面接のうまさが、彼らの唯一のスキルだ。

はきはきした使えない人を雇ってしまったら、彼らが価値のあるものを何1つ生み出さないことがわかるだろう。それにこの種の人たちは、言い訳や言い逃れがすこぶるうまいのだ。仕事が終わっていないことに対しては、いつでも立派な理由を用意している。彼らが口にするのは、今からやろうと思っているすごい仕事のことばかりだ。彼らはたいてい、職場の雰囲気を明るくし、すべての人と友だちになり、少なくとも最初のうちはかなりの人気者になる。

しかし、とにかく役に立たないのである。

さらに悪いことに、3カ月から半年もたつと、彼らは仕事が終わらない言い訳を山のように並べながらも、なんと大幅な昇給を要求してくるのだ。言葉巧みにあなたに取り入り、昇給して経済的な不安がなくなれば、それだけ仕事に集中して結果を出せると納得させようとするのだ。

私の経験からいうと、「これは無能で使えない」と判断するまでにはだいたい半年くらいかかる。それまであなたは、はきはきした使えない人の行動が理解できず、首をひねったり、髪をかきむしったりしているだろう。

そしてついに、これは面接のプロにまんまとだまされたのだと気づき、そこでやっと必要な措置をとり、その人物を解雇するのである。

あなたが現在、はきはきした使えない部下に悩まされているとしても、または過去に悩まされたことがあったとしても、そのことで自分を責めることはない。

彼らにだまされるのは、マネジャーなら誰でも経験することだからだ。

過去の業績を適切に評価する方法

採用の面接をするときは、候補者の過去の業績にも注目する。あなたが求める仕事をする能力があることを、候補者の過去の業績から証明することができるだろうか。

そもそも人は、自分が将来できると思うことを基準に自分の能力を判断するが、採用では、過去の業績だけを基準に人の能力を判断しなければならない。候補者の将来のパフォーマンスを予測するには、過去の業績を基準にするしかないのだ。

私が考える優秀な候補者の資質の1つは、「切迫感がある」ということだ。そういう人は本気で仕事を求めていて、今すぐにでもはじめたいと思っている。

この逆のタイプは要注意だ。面接の印象ではとても熱意がありそうに見えた人でも、いつからはじめられるかとたずねると、今の会社に退職まで2、3週間の猶予を与える必要があるとか、はじめる前に休暇をとりたいなどと言いだす人がいる。候補者がこの種の話をはじめたら、危険信号だ。

あなたと、あなたの会社にとって本当に正しい人材なら、今すぐにでも仕事をはじめたいと思っているはずだからだ。正しい候補者は、現在の境遇から今すぐにでも脱出したいと考えている。正式採用になる前であっても、職場と仕事に慣れるために、それまでパートタイムで働きたいと言いだす人もいるだろう。逆に、考える時間が欲しい、はじめる前に休暇をとりたいなどと言いだす人は、その場で候補から外したほうがいい。

採用する気になるまでは売り込まない

面接で気をつけることを、最後にもう1つ。採用する気になるまでは、こちらの仕事を売り込んではいけないということだ。この仕事がどんなに楽しいか、自社がどんなにすばらしいかを語るのは、採用したいと心が決まってからだ。

採用の面接とセールストークを間違えてはいけない。これは多くのマネジャーが犯す間違いだ。自社で働くすばらしい人たちや、会社が約束してくれるすばらしい未来のことばかり延々と語ってしまう。自分の会社がいかにすばらしいか、候補者を相手に自慢しているのである。

自社のすばらしさを語り、この会社で働くのが賢いキャリアの選択だと説得することも必要だが、それをすべきときは面接の最終段階だ。候補者を絞り、この人に決めようかと気持ちが固まりかけていて、相手のほうも会社の将来について本当に興味をもっているように見えるとき。そこが売り込みの正しいタイミングだ。それまでは我慢が肝心。どんなに売り込みたくても、買うと決めるまでは慎まなければならない。

履歴書は入念にチェックする

気に入った候補者が見つかったら、または見つからないうちでも、送られてきた履歴書は入念にチェックしなければならない。送られてきた履歴書のうち、およそ6割は何らかのウソが書かれているといわれている。

学歴や実績が誇張されているかもしれない。前職での権限や責任も誇張されているかもしれない。前職での給料が実際よりもかなり多く書かれているかもしれない。相手のことがどんなに気に入ったとしても、何でも額面どおりに信じるのは禁物だ。

ここでは次のような質問をするといいだろう。

「これから履歴書に書かれている内容の裏づけ調査をするつもりです。調査をはじめる前に、何かこちらに知らせておきたいことはありますか?」

この簡単な質問だけで、クローゼットに隠した人骨がぞろぞろと発見される。許せるウソもあるだろうし、不採用が決定的になるような、許せないウソもあるだろう。

またこの質問は、実際に履歴書をチェックする手間がはぶけるだけでなく、致命的な欠点を見つけ損ねるという危険もなくなるので、多大な時間の節約になり、面倒な問題も避けることができる。

■紹介者に話を聞く

履歴書に書かれた紹介者に連絡をするとき、忘れてはならないのは「たいていの上司はかつての部下について悪く言わない」という事実である。何かまずいことを言って、かつての部下から訴えられるのを恐れているからだ。

彼らはガードが堅く、言葉を慎重に選ぶかもしれない。なかには、その人を採用した年月日と、その人の地位しか教えてはいけないと決めている会社もあるほどだ。

なお、あなたの直属の部下となる人を探しているのであれば、履歴書のチェックはあなたが個人的に行わなければならない。これは秘書や部下にまかせていい仕事ではない。あなた自身が候補者のかつての上司と直接話し、相手の話をよく聞くとともに、言外にあるものも感じ取らなければならない。

■紹介者から聞きだす方法

紹介者に電話をしたら、まず自己紹介をして、電話をした目的を具体的に伝える。

たとえば、「あなたのかつての部下が弊社の求人に応募してきたので、その人物についてお話をうかがいたいのですが」というようにだ。

そのとき「あなたの助けが必要です」と言うといいだろう。

まず紹介者に、候補者にやってもらおうと思っている仕事について話す。そして、候補者がその仕事に適任かどうかをたずねる。こちらの話は極力少なくして、相手の言葉を慎重に聞く。

ここで、紹介者との会話で貴重な答えが手に入る質問を2つ紹介しよう。

1「もし採用をやり直すとしたら、この人物を雇いますか？」

法的には、この質問に正直に答えても訴えられる心配はない。もし「雇わない」という答えが返ってきたら、次に「理由をおたずねしてもいいですか？」と言う。答えてもらえるかもしれないし、答えてもらえないかもしれないが、とにかく必ずたずねること。

2「この人物について他に知っておくべきことはありますか？」

この質問は、電話を切る直前にすると効果的だ。ときには、この質問のおかげで、採否の判断で失敗せずにすむような重要な情報が手に入ることもある。

■採用はとにかくゆっくり決める

面接が終わり、背景調査も終わり、ついに採用を決める段階になったら、そこで長めに時間をとって、もう一度じっくり考えてみよう。決断はゆっくりのほうがいい。

かつてともに働いていたことのあるマネジャーは、年月を重ねるなかで「採用の達人」

という評判を確立していった。彼が雇った人は、みな優秀で、昇進して会社にとって欠かせない人材に成長した。彼の採用における秘訣はシンプルだった。

「どんなにその人物が気に入っても、採用を決めるまでかならず30日間は待つ」というものだ。

採用を決めるときは、たとえ最低でも一晩は考えなければならない。もし可能なら、週末を使って考える。私の場合は、自分の考える時間をつくるために、候補者にも同じように考えることを促す。

「2、3日よく考えてください。それでもまだうちで働きたいと思ってくれるなら、月曜日の午後3時ごろに電話をください」と。

■内なる声に耳を傾ける

採用のときに、直感に従うのはいい方法だ。自分の「内なる声」を信用して、直感が告げる言葉に耳を傾けるようにしよう。

内なる声をよく聞くようにしていれば、おそらく失敗することはないだろう。

どういうわけかこの人物を雇うのは気が進まないなどというときは、採用をやめるべきだ。遅かれ早かれ、自分の直感が正しかったことが判明するだろう。直感に逆らってはいけない。

今から20年後の状態を想像する

それでもまだ決められないという人は、「20年後メソッド」を使って考えてみよう。その人物を採用し、今から20年間、毎日顔を合わせていっしょに仕事をするところを想像するのだ。残りの仕事人生で、ずっといっしょに過ごすと考える。この人物が永遠に自分の仕事と人生の一部になるとしたら、あなたはそれについてどう思うか。

自分自身にこの質問をすると、20年もいっしょには働きたくないという答えになるかもしれない。ここでの答えは、正しい決断をする助けになるだろう。

または、「家族に会わせるメソッド」という方法もある。あなたはこの人物を、自宅のディナーに招待したいと思うだろうか。この人物が日曜の夜に自宅にやってきて、家族といっしょに食卓を囲むところを想像してみよう。そこに何か違和感はあるだろうか。もし自分の子どもがこの人物の下で働くことになったらどうだろう。あなたはぜひ働かせたいと思うだろうか。もし思わないのなら、その理由は何か。

決断にかける時間が長いほど、正しい決断がくだせるようになる。正しい人材を雇うことのできる能力は、マネジャーとして、またはビジネスのオーナーとしてのあなたにとって、もっとも大切なスキルの1つだ。

幸いなことに、採用のスキルは向上させることができる。

ただ、「決断はゆっくり」という決まりを守り、この章に書かれていることに従い、そして定期的に自分の採用の決断を見直して、その結果を検証するだけでいい。

アクションエクササイズ

1 今までの部下のなかで最高の人材だった人たちを選ぶ。彼らの共通点は何か？
2 今までの部下のなかで最悪の人材だった人たちを選ぶ。彼らの共通点は何か？
3 チームの意見を聞く。採用のプロセスにチームのメンバーにも積極的にかかわってもらう一番大きな利点は何か？
4 採用する人材に求めるもっとも大切な事柄を紙に書く。
5 候補者の過去の業績を分析し、将来の働きぶりを測る指標として活用する。
6 ある仕事に理想的な人材が備えているべき資質をリストにする。そのなかでもっとも重要な資質は何か？
7 次の質問についてよく考える。「現在の部下のうち、今知っていることから判断したら、もう雇うことはない人物はいるか？」

第7章

マネジャーは結果がすべてだ

目標に向かって努力すれば、目標があなたのために働くようになる。
計画を守って行動すれば、計画があなたのために働くようになる。
何かいいものを築けば、それがやがて私たちを築くことになる。

――ジム・ローン
（アメリカの経営コンサルタント）

あなたはこの本でこれまでに、部下のやる気を鼓舞する方法を学んだ。部下の自尊心、自己理想、自己像を向上させる方法、彼らから恐怖心を取り除く方法、そして勝者の気分を味わわせる方法を学んだ。

しかし、マネジャーであるあなたの目標は、部下たちに幸せになってもらうことだけではない。あなたの究極にして唯一の目標は、結果を出すことだ。

すべての組織は、結果ではじまり、結果を通過し、そして結果で終わる。あなたの仕事は、おたがいに補完し合うさまざまな才能や能力をもつ人たちを集め、1人の力では達成できない目標に向かって努力してもらうことだ。

部下たちがどんなに幸せでも、どんなに自分が好きでも、どんなに自分が大切な存在だと感じていても、結果が出なければそんなことは何の意味ももたなくなる。

あなたはチアリーダーではない。あなたはマネジャーであり、リーダーだ。あなたの責任は結果を出すことにある。

マネジャーに求められる結果を確認する

マネジャーとしてのあなたは、どんな結果を出すことを求められているのだろうか。そのなかで、もっとも重要な結果は何だろうか。たった1つだけすばらしい結果を出せるとしたら、どの結果を選ぶだろうか。ビジネスの成功、または部署の成功を確実なものにするために、絶対に出さなければならない結果は何だろうか。

マネジャーに求められる結果は、具体的で、計測可能で、期限がある。単純明快で、子どもでも理解できるものでなければならない。アインシュタインはかつてこう言った。

「自分の達成しようとしていることを6歳の子どもに説明できないのなら、何を達成したいのか自分でもよくわかっていないということだ」

まず紙に書いてみよう。あなたに求められている結果をすべてリストにするのだ。リストにしたら、優先順位に沿って並べ替える。そしてリストに書いた項目のなかから、自分のキャリアと成功に対して、他の何よりも大きな影響を与える結果を1つだけ選ぶ。

求められる結果を計測できるようにする

自分が結果を出したかどうかは、どうやって判断したらいいのだろうか。たとえば大きなプロジェクトで時間もかかるのなら、途中でどんな段階を踏めばいいのだろうか。そして、各段階でどんな結果を出し、その結果をどうやって計測すればいいのだろうか。

最終目標を達成するには、そこまでの道のりをいくつかのステップに分けて考えるといい。各ステップに必要なことをすべて考えておけば、最終目標までの道のりがシンプルになり、ずっと早く達成できるようになる。

ヘンリー・フォードもこう言っている。

「どんな目標でも、細かく分ければかならず達成できる」

つねに最高の結果をめざそう。自分のためにも、チームのためにも、結果を出すためにBHAGsを設定しよう。BHAGsとは、「大きくて（Big）、手ごわく（Hairy）、大胆な（Audacious）目標（Goals）」のことだ。古代ローマ皇帝マルクス・アウレリウスは、「大きな夢を見よう。大きな夢だけが人間の魂を動かす力をもっている」と言っている。

小さなビジネスをはじめようとしている人、すでに小さな会社を経営している人、またはビジネスの一部の責任者をしている人でも、とにかく大きく考えよう。世界クラスの称号を獲得し、市場を支配するには、何を達成すればいいだろうかと。

起業家や、起業を考えている人たちと話をすると、成功するにはどうすればいいかという質問をよく受ける。私の答えはいつも同じで、それは「結果がすべてだ」ということだ。自分の責任の範囲でもっとも重要な結果を出すことをめざして、一心不乱にまい進する。それが秘訣だ。

結果を出しつづけるための約束

あなたの製品やサービスが何であれ、未来の顧客が気にすることは1つしかない。それは、「これは役に立つか」という問いだけだ。あなたの製品、またはサービスが、あなたが約束した価値を、質を保ちながら、永続的に提供することができるかどうかだ。

品質管理の権威であるフィリップ・クロスビーは、「質」というものを次のように定義している。

「あなたの製品、またはサービスが、売るときに約束した役割を果たし、その先もその役割を果たしつづけることだ」

あなたの「質の格付け」は、この約束を果たす回数が全体の何割を占めるかで決まる。

ブランディングは2つのもので構成されている。1つはあなたがした約束、そしてもう1つはあなたが守った約束である。これは、私が一番気に入っているブランディングの定義だ。あなた自身も1つのブランドであり、周囲の人の評判があなたというブランドを形づくる。個人のブランド力は、成功と報酬を決める大きな要素にもなる。そして個人のブランドも、あなたがした約束と、あなたが守った約束でできている。

どんな結果を出すと約束し、そして実際にどんな結果を継続的に出しているのか。これがあなたのブランド力だ。誰の目にも明確な結果を、継続して出すことが鍵になる。

失敗することなく継続的に結果を出せるとしたら、どんな結果を出せば、あなた自身とあなたの仕事にとって一番大きな助けになるだろうか。あるいはどんな結果が、あなたの仕事にとってもっとも大きなプラスになるだろうか。

その結果が何であれ、まず紙に書き、計画を立て、そして毎日その結果を達成することをめざして努力することだ。

マネジメントにおける3の法則

私は、これまで数千人のビジネスパーソンと接してきた経験から、採用だけでなくマネジメントにも「3の法則」があることを発見した。

大局的に見れば、会社が行うすべてのことのうち、たった3つのことだけが、ビジネスの価値、売上げ、収入、所得、収益性、成長の9割を占めている。顧客のために出すこの3つの結果は、経済情勢、市場、顧客の好みの変化によって変わってくるが、3つであるということだけはほぼ変わらない。

その3つは、たとえば①新製品や新サービスの開発、②積極的で効果的なマーケティング、③すばらしい顧客サービス、になるかもしれない。状況がめまぐるしく変わる混乱の時代において市場が後退しているようなときは、この3つを見つけ出すことが生死を分ける鍵になる。

顧客がもっとも気にかけていて、もっともお金を出したいと思う3つの結果を一刻も早く見つけ出し、同じ顧客層のお金を狙っているライバルたちの先を行かなければならない。

くわえてビジネスには、絶対に達成しなければならない結果と、その結果を出すのに欠かせない補完的な役割を果たす結果、つまり2つの結果がある。

あなたのビジネスにとって、その3つの結果はそれぞれ何か。たとえば、第1の結果は売上高で、補完的な結果は、正しい顧客候補を惹きつけるための効果的なマーケティングと、それらの顧客候補を本当の顧客に変えるための効果的な販売かもしれない。

あなた個人の仕事にも3の法則は当てはまる。あなたがしている3つのことが、あなたの会社への貢献の9割を占めているということだ。

では、その3つとは何だろうか。

この法則によると、もっとも重要な3つ以外の結果は1割か、それ以下の貢献しかしていないということになる。なかにはまったく貢献していない結果もあるだろう。悲しいことに、ほとんどの人が、貢献の少ない結果に9割の時間を使ってしまっている。そして何も知らない彼らは、なぜ自分はほとんど進歩しないのだろうと悩むのである。

あなたと部下を妨げる2つの落とし穴

もっとも価値の高い仕事に集中し、多くの顧客を満足させるために必要な結果を出すことをめざすなら、あなたも部下も、2つの心理的な落とし穴に注意しなければならない。その2つの落とし穴とは、「快適ゾーン」と「もっとも安易な道」だ。

■快適ゾーンという落とし穴

人は普通にしていると快適ゾーンに入っていく。快適ゾーンに入るのは、毎朝まったく同じ方法でコーヒーをいれるのと同じくらい自然なことだ。人間の行動の95パーセントは習慣で決まる。習慣については、「いい習慣は身につけるのはむずかしいが人生をともにするのは簡単で、悪い習慣は身につけるのは簡単だが人生をともにするのはむずかしい」という言葉もある。

習慣のいい点は、一度習慣になってしまえば、何も考えずに自動的にこなせることだ。習慣になっているルーチン作業で頭を使わずにすむので、もっと複雑で頭を使う作業、創造性や自発的な発想を要する作業に、集中力や思考力を使うことができる。

しかし、楽なほうに流れようとすると、習慣はかえって害になる。自分を律し、本当に価値のある数少ない仕事に頭を使って取り組むよりも、楽でほとんど価値のないルーチン作業ばかりやってしまうからだ。

すべての変化、すべての進歩には、快適ゾーンから抜け出すことが必要だ。小さくて、簡単で、楽しくて、そして残念ながらほとんど意味のない仕事や活動をしている快適ゾーンから抜け出し、自分を厳しく律して、あなた自身とあなたのビジネスにもっとも大きな価値を提供する3つの行動に、集中して取り組まなければならない。

快適ゾーンは重力のようなものだ。過去にすでにやったことのほうへと、つねにあなたを引っぱっていく。たとえその過去の行動がすでに意味を失い、役に立たなくなっているとしてもだ。

あらゆる変化は、たとえ起こすべき前向きな変化だと全員が納得していても、やはり起こすのがむずかしい。人間には、快適ゾーンにしがみつき、新しいことや違うことを嫌う傾向があるからだ。

■もっとも安易な道という落とし穴

2つめの落とし穴は、快適ゾーンと双子の関係にある。この2つはともに機能し、たがいに補完し合っている。「もっとも安易な道」は、個人の人生でも、仕事でも、もしかしたらもっとも手ごわい敵かもしれない。人間は何かを手に入れるとき、もっとも簡単で、手っ取り早い方法を選ぶといわれている。欲しいものがあったらすぐ手に入れようとして、長期の影響についてはほとんど考えない。言い換えると、ほとんどの人は、何らかの課題を達成するときに、もっとも楽な道を選ぶということだ。

この傾向が役に立つ場合もある。もっとも効率のいい方法を探すときだ。より早く、より効率的で、より安く、より簡便に課題を達成したり、製品やサービスを提供したり、顧客を満足させたりする方法だ。しかし、手を抜いて楽をしようという方向に走ると、この傾向は害になる。そういう人は仕事をさぼり、就業時間の半分を使って同僚とおしゃべりをしたり、インターネットを見たり、昼休みとコーヒー休憩を長くとったり、仕事とは関係のない自分のことをしたりしている。そのあいだは、本来そのために雇われた仕事は一切せず、会社にもまったく貢献していない。

■落とし穴から抜け出す方法

落とし穴を避ける方法、または落とし穴から抜け出す方法はただ1つ。それは落とし穴の存在に気づくことだ。快適ゾーンともっとも安易な道は、つねにあなたに向かって優しく手招きをしている。だから誘惑の存在を自覚し、意思の力ではねのけなければならない。人生やキャリアを向上させる重要な活動は、ほんの少ししかない。あなたは自分を律し、その数少ない活動に集中しなければならない。

結果を出すために計画を立てる

シンプルなエクササイズを紹介しよう。まず、自分が出さなければならない結果をすべてリストにする。そして自分にこうたずねる。

「このリストのなかで、継続的にすばらしい結果を出せるものが1つしかないとしたら、どれが私の仕事にもっとも大きな貢献をもたらすだろうか？」

リストから1つ選んでその結果を丸で囲む。次にまた自分にたずねる。

「このリストから2つだけ達成できるとしたら、2番目に大切な結果は何だろうか?」

1つ選んでそれを丸で囲む。そしてこのエクササイズをもう一度くり返す。このリストのなかで、あなた自身とあなたのビジネスにとって、3番目に大きな貢献をもたらす結果は何だろうかと。

このエクササイズを実践すると、ここで選んだ3つの結果の重要性がよくわかる。さらに3つ以外の結果は、どれも二次的か、またはそれほど意味がないということもわかるはずだ。では、エクササイズの先に進もう。

次にすることはもうわかっているはずだ。自分に課されたもっとも大切な3つの結果を達成するために、自分にできることをすべてリストにする。自分がすべき作業や行動をすべて書きだし、行動計画を立てるのだ。月曜から金曜の夜まで、それぞれ1日ごとに計画を立て、さらに1週間の計画を立てる。リストが完成したら、リストを見直してこう自問する。

「このなかから1つの行動しかできないとしたら、もっとも大切な結果を達成するためには、どの行動を選ぶのが1番効果的だろうか?」

その行動を選んで丸で囲む。次にまた自分にたずねる。

「このなかから2つの行動しかできないとしたら、私と私の仕事に最大の貢献をもたらすために、2番目に大切な行動は何だろうか?」

2番目に大切な行動を選んで丸で囲み、また質問をする。3番目に大切な行動は何だろうかと。このエクササイズも次で終わりだ。

最後の課題は簡単だ。3つのもっとも大切な結果を選び、その結果を出すためにもっとも大切な行動を選んだら、そのなかからもっとも大切な結果を出すために一番効果のある行動を選ぶ。そしてその行動を今すぐ実践することだ。

それからは意思を強くもち、ただひたすら、その行動をやり抜いて結果を出すことだけをめざす。たとえ何時間かかろうと、他の活動に手が回らなくなったとしても、必ずその行動をやり抜くのだ。

一番大切な行動に集中するシステムをつくる

個人の有効性、効率性、パフォーマンスについて数十年にもわたって研究した結果、私は以上に紹介したこのシンプルなエクササイズを発見した。このエクササイズは、あらゆる成功や達成につながる鍵になる。このエクササイズを実践すれば、昇進のスピードが上がり、収入も増える。そして何よりも、健全な自信を養うことができる。かつてないほど高い自尊心をもち、自分を誇りに思うようになるだろう。

もし、最高の自分を発揮したい、可能なかぎりもっとも価値のある人間になりたいと思っているのなら、このエクササイズを実践することをおすすめする。

自分がすべきもっとも大切な行動をしているとき、あなたは幸せで、自分が好きになれる。脳からエンドルフィンが分泌されるために、幸福感が高まり、より創造的で、好感のもてる人になる。あなたは、自分に無限のエネルギーがあったことに気づくだろう。そのエネルギーが、あなたのパフォーマンスをさらに高い次元に押し上げてくれる。

一番大切な課題を行い、実際に達成するということを習慣にすれば、あなたの潜在能力が解き放たれ、キャリアのアクセルを大きく踏み込むことができる。

あなた自身がこのエクササイズを実践し、自分に課された結果のなかでもっとも大切なものを選び、その結果を達成するためにもっとも大切な行動を選んだら、次のステップは、他の人にも同じようにしてもらうことだ。会社全体や自分の部署で、誰もが大切な行動に集中できるようなシステムをつくるのである。

彼らもまた、自分に課されたもっとも大切な3つの結果を選び、その結果を達成するためのもっとも大切な3つの行動を選び、そして今すぐ実践できて、ビジネスにもっとも大きな貢献をもたらす行動を1つ選び、実行に移す。

このプロセスは、マネジャーであるあなただけでなく、自分でビジネスをはじめようとしている人にとってもひじょうに重要だ。

仕事の結果とスキルを組み合わせる

マネジャーとしての自分に課された結果を出すために必要な課題がわかったら、今度は部下たちがその課題をこなすために必要なスキルを割り出す。このとき、複数のスキルをもっていて、複数の課題をこなせる部下を見つけるのが、最善の策になるかもしれない。複数の課題をこなすために複数の新しい人を雇うより、複数のスキルをもつ人に今よりもたくさんのお金を出すほうが得策であることが多いからだ。

ここでまた、別のエクササイズを紹介しよう。自分に課された結果をはっきりと定義するために、結果を1つずつ付箋に書き、それを大きな紙かホワイトボードに貼っていく。ヘッダのように上に一列に並べてもいいだろう。それが、あなたに課された結果だ。

次は、それらの結果を達成するのに必要なスキルだ。さっきよりも小さい付箋に必要なスキルを1つずつ書き、該当する結果の下に貼っていく。

これで出さなければならない結果と、それに必要なスキルがひと目でわかるようになる。

その次の作業は、スキルに優先順位をつけることだ。どのスキルがより重要だろうか。それほど重要ではないスキルはどれか。どれが欠かせないスキルか。あれば助かるが、絶対に欠かせないわけではないスキルはどれか、のようにだ。

出さなければならない結果と、それに必要なスキルの表ができたら、今度は付箋の位置をさまざまに変更して、完成させなければならない仕事と、それを完璧にこなすために必要なスキルがはっきりわかるようにする。

誰が何の仕事をするかを決める

あなたは次に、しなければならない仕事を複数まとめて、1人の人物にまかせられるかどうかを考える。仕事の割り当てを決めるときは、人数を増やすよりも、1人の人にまかせる量を増やす方向で考えたほうがいい。

新しいビジネスや部署を一からはじめる場合は、人を選ぶよりも先に、まず必要な仕事を明確にすると効果的だ。たとえば、2人かそれ以上のパートナーがビジネスをはじめる場合、またはあなたが1人でビジネスをはじめ、すでに1人かそれ以上の従業員がいる場合も、まず必要な職務をすべてはっきり定義することからはじめる。次に、それぞれの職務を担当する人を、それぞれの経験と能力を基準に決めていく。

1948年に、カリフォルニア州パロアルトで、ウィリアム・ヒューレットとデイビッド・パッカードがヒューレット・パッカード（HP）を設立したとき、2人とも豊富な経験をもつエンジニアだった。しかし、彼らは会社の設立当初から、ヒューレットが製品開発を、パッカードがマーケティングをそれぞれ担当するというように、はっきりと役割分担を決めていた。

会社の設立と同時に確立されたこの役割分担のおかげで、HPは12万人の従業員を抱える世界有数の大企業に成長した。HPは設立当初の役割分担の精神を今でも堅持している。出すべき結果を明確に決め、それを達成するのにもっとも適した人を雇っているのだ。

自分たちの仕事をあらためて見直す

ビジネスを成長させるには、そのビジネスにかかわるすべての人が、「なぜ私はこの会社に雇われているのか？」と自問する必要がある。そもそもどんな結果を出すことを期待されて雇われたのか。自分に課された仕事のうち、一番大切なものは何だろうかと。

あなたはすべての部下に、3の法則を教えなければならない。自分の仕事を分析し、そしていつもの仕事のなかから、会社にとってもっとも価値のある貢献をする仕事を3つ選ぶ。1カ月に行う作業をすべてリストにし、次に部下独自の判断でそれぞれの作業に優先順位をつけさせる。リストができたら提出してもらい、あなたと部下でリストを見ながら話し合い、必要な作業の内容と優先順位が正しいかどうかをチェックする。

驚いたことに、実に多くのマネジャーが、それぞれの部下を雇っている理由をよくわかっていない。部下たちの仕事について、だいたいのところはわかっているが、そもそもなぜその人物を雇ったのかという、根本のところがわかっていないのである。

自分たちの仕事を明確にする

マネジャーを対象にしたセミナーで、私はあるゲームをよく使う。ゲーム名は「自分の仕事を守る」だ。ルールを一通り説明して、やるかどうかは参加者に決めてもらう。

では、ゲームのルールを説明しよう。まずは、自分の直属の部下の名前をすべて書いたリストをつくる。次に、それぞれの部下について、各自が担当するもっとも大切な仕事を3つ書き、その仕事に優先順位をつける。

部下の名前を並べ、それぞれの名前の横に各自のもっとも大切な仕事を3つ書いたら、次の作業は簡単だ。私が彼らの部下と話すあいだ、彼らには座って待っていてもらう。私は彼らの部下のところへ行き、2つの質問に答えてもらう。

「あなたはなぜこの会社に雇われたのか?」「自分にまかされた仕事のうち、もっとも大切な3つの仕事は何か?」という質問だ。部下たちの答えがマネジャーの答えと一致したら、そのマネジャーは「自分の仕事を守る」ことができる。

ここまでルールを説明したところで、私は次にこう言う。

「それでは、このゲームをしたい人は手をあげてください」

このゲームをはじめてからもう数年になるが、ここで手をあげたマネジャーはまだ1人もいない。何度もくり返すが、個人にとってもっとも大きなモチベーションになるのは、自分に何が期待されているのかを明確に知り、期待されていることの優先順位も明確に知ることだろう。

だからマネジャーであるあなたが、今すぐに部下の生産性、パフォーマンス、士気を上げるためには、部下と1対1で話し合う時間をつくり、それぞれに課された職務と、その職務の優先順位をいっしょに確認するのが一番なのだ。

すべての仕事を継続して明確にする理由

ビジネス環境がめまぐるしく変化する現代では、詳細な職務内容を書いたところで、インクが乾かないうちにもう中身が古くさくなってしまう。だから私の会社でも、クライアントの多くの企業でも、定期的に「なぜ私はこの会社に雇われているのか?」ということを確認するようにしている。

その手順を紹介しよう。まず従業員が、自分の職務内容を書く。そのとき、もっとも大切だと自分が考える職務を最初に書く。もっとも大切な職務は、たいてい3つから5つになる。これが、彼らに課されたもっとも大切な仕事だ。そしてこれらの仕事が、そもそも彼らが雇われている根本の理由だ。彼らはこれらの仕事をきちんとすることで、会社にもっとも大きな貢献をすることができる。

次に、「二次的な責任」のリストをつくる。このリストには、重要な仕事以外で、自分が職場でしていることをすべて書く。サポート的な作業、補完的な作業など、メインの仕事ではないが、それでも自分がしなければならない仕事だ。

■二次的な仕事は意識されにくい

二次的な仕事には、たとえば「電話に出る」といったごく単純な仕事も含まれる。私は出張中、自分のオフィスに1日に何度か電話をかけるのだが、ある日電話をかけたら呼び出し音が数回鳴り、そして会社のボイスメールに転送され、「メッセージを録音してください」という案内が流れた。

私たちのビジネスも、ほとんどのビジネスと同じように、顧客からの注文の電話がほぼすべてだといっていい。そのため、会社に電話しても誰も出ないという状況は大いに気がかりだった。私は出張から戻ると、スタッフミーティングを開き、電話の件をスタッフに説明した。会社の経営者が平日の昼間に電話しても誰も出ないのなら、注文のために電話した顧客も同じことを何度も経験しているはずだ。誰も電話に出ないという状況のせいで、私たちは売上げを失い、そのせいで多額のお金も失っている。会社の評判に傷がつくことはいうまでもない。いったいどうなっているのかと。

■二次的な仕事も役割を明確にする

スタッフはしばらくのあいだ、部屋のなかを見回したり、何やらつぶやいたり、言い訳をしてごまかそうとしたりしていたが、私たちはやっと問題の真相がわかった。スタッフ全員が、自分に与えられた仕事をきちんとこなしていると思っていたのだ。

この問題については誰も責任を感じていなかった。電話に出ることが自分の仕事だと思っていなかったからだ。電話が何度か鳴り、受付か顧客サービスが電話を取らないときは自分が電話に出る。これは彼らにとって二次的な役割になるが、誰もそのことを自覚していなかった。

私の経験からいえば、このような上からの説明が不十分なために起こった問題、またはスタッフの誤解によって起こった問題では、犯人は存在しない。責められるべき人も、罰を受けるべき人もいない。このような場合は、電話に出るという二次的な責任がすっかり忘れられ、誰も気づいていなかったのが原因だ。これは確認さえすれば、すぐに解決できる問題である。

そこで私たちは、すぐに電話に出るときのルールをつくった。電話が1回鳴ったら、まず受付係が出る。もし受付係が席を外しているか他の電話に出ていたら、2回目の呼び出し音が鳴ったときに電話に出る人をあらかじめ決めておく。もし最初の2人が電話に出られず、3回目の呼び出し音が鳴ったら、そのときも電話に出る人を決めておく。それにくわえて、もし自分が席を離れるなどして電話に出られないときは、あらかじめ周囲の人にその旨を伝え、電話に出るように頼んでおくようにした。

このようにして問題は数時間で解決し、もう二度とくり返されることはなかった。

■全員がおたがいの仕事を理解する

すべての従業員が自分の職務内容を書き終わったら（一番大切な責任が紙の上半分に書いてあり、二次的な責任が下半分に書いてある）、今度はそれをチームの人数分だけコピーする。そしてミーティングを開き、各自が持参したコピーをチームの全員に配る。

次に、ミーティングの場でそれぞれの職務内容を確認する。まず1人が自分の仕事について話し、職務の優先順位と、重要な結果を出すために自分がしていることを具体的に説明し、もし問題や困っていることがあればそれもつけ加える。

さらに、その人の職務内容についての質問やコメントを受けつける。こうやって、その人の仕事と、それぞれの優先順位について、チームの全員が明確に理解できるようにしていく。

それがすんだら、今度は2人目のメンバーに移る。2人目が自分の職務内容について説明し、チームの全員で細かな点にいたるまで話し合ったら、3人目のメンバーに移る。そうやってチーム全員の職務内容を確認していくのだ。

■たがいの仕事を確認することで誤解を取り除く

このエクササイズをはじめて行うとき、マネジャーであるあなたはきっと、チームのメンバーがおたがいの仕事についてほとんど理解していないことを知って驚くだろう。他のメンバーの仕事については、みな誤解していたり、まったく違うことを考えていたり、よくわかっていなかったりと、まさに混乱している状態だ。

自分の主要な仕事だと思っていたのに、実は他のメンバーの主要な仕事だったということもある。または、自分の主要な仕事だと思っていたが、そもそも自分の領域とはまったく関係なく、他の人の仕事だったということもある。二次的な仕事だと思っていたのに、実は自分に課されたもっとも大切な仕事だったということもある。

それでもこのエクササイズを通じて、すべての誤解や混乱を解消することができる。そして話し合いの終わりには、すべてのメンバーが、自分の領域と、自分の仕事の重要性、さらに何よりも他の人の仕事とその優先順位について、明確に理解できるようになるのだ。

変化の激しい世の中では、職務の内容や、それぞれの職務の担当者もめまぐるしく変わっていく。その過程で、ある仕事の担当者がよくわからなくなり、まったく誰も手をつけなかったり、手をつけても中途半端だったりすることがあるだろう。そんなときは、この「なぜ私は雇われているのか」ミーティングを開けばいい。

それぞれの仕事を確認するだけで、多大な時間と労力が節約できるとともに、売上げを失う、顧客を失う、ビジネスを失うといったリスクも避けることができる。

最高のパフォーマンスを実現する5つのプロセス

最高のパフォーマンスを実現する職場環境をつくるには5つのプロセスがある。これは私が長年の経験と詳細な調査をもとに発見したものであり、対象の企業は中小企業から大企業にいたるまで多岐にわたっている。シンプルで簡単に応用できるため、やる気のある職場環境のビジョンを描くときは、このプロセスで進めるとうまくいく。

①目標と目的を共有する

「なぜこの会社、またはこの部署が存在するのか。この会社、または部署は、何を達成することをめざしているのか。もっとも大切な目標と目的は何か？」という問いに対する答えを、すべてのスタッフが知っていなければならない。

自分たちの仕事の目標と目的について話し合う機会が多く、熱心に意見が交わされるほど、スタッフも組織のなかでの自分の役割をより明確に理解し、組織や部署の目標を自分のものとして考えるようになる。周囲の人と協力し、望ましい結果を出すことをめざして努力するようになる。

②価値を共有する

チームの全員が、職場の人間関係についての基本原則、または大切にすべき価値を明確に理解しなければならない。この価値は、たとえ目に見えなくてもつねに存在している。だから、全員がそれを明確に理解することが大切だ。

大切にすべき価値を紙に書き、それぞれの意味をチームのメンバーと話し合う。このとき重要なのは、日々の仕事で価値をどうやって実践するかということだ。この話し合いをすれば、誰もが価値を大切にするようになり、価値を守って行動する確率も高くなる。

この「価値の明確化」のプロセスでは、次のエクササイズを行ってみよう。

・職場の人間関係で、自分がもっとも大切だと思う価値を5つ選んで紙に書かせ、それをミーティングにもってきてもらう。各自が自分で選んだ価値を読み、それをホワイトボードに書いていく。あなたはすぐに、同じ価値が何度も登場することに気づくだろう。

よく見られるのは、質の高さ、誠実さ、個を尊重する、責任などだ。

・持ち寄った価値をホワイトボードに書いていくとき、重複するものには印を付ける。それが終わると、明らかに他よりも人気のある価値が3つから5つ見つかるだろう。次に参加者の全員が、その3つから5つの価値のなかから、自分がもっとも大切だと思う価値を3つ選んで紙に書く。そして集計を行い、選んだ人の多かった価値をいくつか選んでホワイトボードに書く。

・前の段階で選ばれた価値が、日々の職場での交流でどのように実践されているかを話し合う。正直さ、たがいに相手を尊重する、責任を認める、質の高い仕事をする、時間に正確などの価値について、それぞれの重要性を話し合うのだ。

・どの価値が一番役に立つかということについて参加者全員が自分の意見を述べ、投票を行ったら、その投票の結果からもっとも人気のあった価値を選ぶ。その価値をもとに全員のコンセンサスを形成する。参加者全員が、もっとも大切な価値について、仕事の場でどのように実践するかについて自分の意見を述べれば、チームの全員がその価値を完全に守るような環境ができあがるだろう。その瞬間から、誰もが自分の行動のすべてにおいて、その価値を実践することをめざすようになる。この価値の共有は、最高のパフォーマンスを引き出す強力な動機づけとなる。また、問題解決も意思決定も、価値の共有のおかげで以前よりもずっと迅速に行うことができるだろう。

③行動プランを共有する

ここで、もう一度「なぜ私はこの会社に雇われているのか?」という問いに立ち戻ろう。チームの全員が、他のメンバーの仕事と仕事の優先順位、仕事のスケジュールを知っておくことは、最高のパフォーマンスを実現するうえで不可欠だ。他のメンバーの仕事に対する理解度が高いほど、職場の雰囲気は前向きになり、メンバーの士気も上がる。

くわえて、他のメンバーが何をめざして頑張っているのかがわかると、職場の雰囲気がはるかに協力的になり、助け合いの精神が生まれる。仕事が多すぎて困っているメンバーがいれば、すぐにそれに気づいて手伝うようになるだろう。仕事の効率を上げる方法について、アドバイスし合うようにもなる。他のメンバーの仕事がはっきりわかるほど、各自の仕事の能率も上がり、速くて正確な仕事ができるようになるのだ。

④リーダーシップを発揮する

マネジャーであるあなたのここから先の仕事は、チームのメンバーがそれぞれの責任を果たすのを助けることだ。あなたの役割は、よくいわれる「オーケストラの指揮者」や「軍隊の曹長」ではなく、むしろ「ブロッカー」である。メンバーに必要なリソースが行きわたっていることを確認し、それぞれが最高の力を発揮して結果を出すのを妨げるような邪魔を、ブロックするのがあなたの役割だ。

ここで、あなたがマネジャーとして第一に考えるのは、「何か私に手助けできることはあるだろうか?」という問いである。もちろん、あなたにも自分の仕事がある。しかし、マネジャーの第一の役割は、部下全員が最高の力を発揮し、できるだけ早く仕事を終わらせられるような環境を整えることだ。

この「ヘルパー」の役割をきちんとこなせば、すべての人から、価値のある存在として見られるようになる。このようなマネジャーの献身的な態度は、メンバーの責任感、献身、忠誠心を引き出すことにつながる。チームの誰もが、成功するためにあなたを助けたい、他のメンバーを助けたいと思うようになるだろう。

⑤継続的に評価を行う

最高のチームは、真剣に成功をめざし、自分の仕事に取り組む人たちで構成されているが、何らかの理由によって自分の責任を果たさないメンバーがいたとしたら、マネジャーであるあなたは、その問題に正面から向き合い、率直かつ正直に話し合う。

また、あなたはチームに対して、「われわれの現状はどうなっているのか？」という問いを、つねに投げかけなければならない。

業界の景気はどうなっているか。製品やサービスは売れているだろうか。チームはうまく機能しているか。そして何よりも、今より向上するにはどうすればいいのだろうか。もっとよい結果を出すには、どんな行動を増やし、どんな行動を減らすべきなのか。パフォーマンスと有効性を向上させるために、はじめるべき行動、やめるべき行動は何かと。このように、投げかける質問はいくらでもある。

人生とは、何事においても「2歩進んで1歩下がる」だ。仕事の場では、この言葉がとくに真実味を帯びる。継続的にフィードバックを受け取り、軌道修正することが重要だ。完璧な道など存在しない。仕事に誤解や失敗はつきものであり、避けることはできないのである。

理想のチームをつくる

マネジャーであるあなたが結果を出すために求められる役割は、自分にとっての理想のチームとはどんな形をしているのか、時間をかけてつぶさに思い描くことだ。全体としてどんな結果を出すべきなのか、その結果を出すために途中でどんな小さな課題を達成すればいいのか、具体的な姿を思い浮かべるのだ。

あなたと、あなたのチームに課せられた責任を果たすために、チームにはどんな才能やスキルが必要なのか。人を選ぶときは、仕事の能力と同じくらい人柄も重視する必要がある。人選で迷ったら、まずチームに溶け込めて、他のメンバーと仲よくでき、周りから好かれる人を選ぶことを第一に考えることが大切だ。

幸せな人が集まった前向きなグループが、明確な目的と目標に向かって協力して働けば、たとえ競争の激しい市場であっても、並外れてすばらしい結果を出すことができる。マネジャーであるあなたが、理想のチームをつくり、チームが最高の力を発揮できるように継続して力を出していれば、それが会社に対するもっとも大きな貢献になるだろう。

アクションエクササイズ

1 チームが完璧で、すばらしい仕事をし、あなたに課せられたもっとも大切な結果をきちんと出していると仮定したら、状況はどのように変わるか。

2 あなたに課せられた結果のうち、もっとも大切な3つの結果は何か。

3 あなた個人の責任で出さなければならない結果のうち、もっとも大切な3つの結果は何か。

4 ビジネスの成功と、あなた自身の成功のために、あなたがしている仕事のなかでもっとも大切な3つの仕事は何か。

5 あなたのチームでもっとも大切な部下は誰か。彼らの仕事のうち、もっとも大切な結果を出すために必要な、もっとも大切な3つの仕事は何か。彼ら自身はそれを自覚しているか。あなたは「仕事を守る」ゲームをしてみたいと思うか。

6 よりよいチーム、より生産的なチームをつくるために、あなたが今すぐに起こせる変化は何か。

7 「なぜ私は雇われているのか」を話し合うミーティングを開き、自分のもっとも大切な仕事、二次的な仕事を部下と共有する。

第8章

最高のマネジャーになる

自分にできることをすべて実行したなら、
人はみな自分を驚かせることになるだろう。

——トーマス・エジソン
（アメリカの発明家）

部下がマネジャーのビジョンやスキルを信頼していなかったら、マネジャーがどんな言葉をかけて、どんなテクニックを駆使しても、部下のモチベーションを高めることはできない。

たしかに、部下をほめることは動機づけになる。ただし、上司が部下に尊敬されていなければ、ほめ言葉には何の力もない。部下から「ついていきたくない」と思われているマネジャーは、部下の自尊心を育てることはできない。上司が何を言っても、部下は聞く耳をもたないのだ。

最後の章では、あなた自身のことを見ていく。マネジャーとしてのあなただ。自分の能力の許すかぎり最高のマネジャーになる方法、最高のリーダーになる方法を考えていこう。

そこで、この章では「マネジメントの17の原則」を紹介する。

これらの原則を実行すれば、社内でも有数の生産的なマネジャーになり、部下の尊敬を勝ち取ることができる。会社全体でも尊敬され、一目おかれる存在になるはずだ。

マネジメントは学びで身につけられるスキル

過去30年以上にわたり、私は累計1000社以上とともに仕事をしてきた。それらには大企業もあれば中小企業もある。設立したばかりの企業もあれば、老舗の優良企業もある。私はこれらすべての仕事で「成功の秘訣」を探していた。

とくに大きな成功を収めているマネジャーはどんな秘訣を実行しているのか、私はその答えを知りたいと思っていた。

私が学んだのは、マネジメントが1つの職業だということだ。マネジメントは技術でもあり科学でもある。テクニックと方法論の両方が必要だ。すべての仕事をスケジュール通りに完璧に仕上げ、マネジャーとしてすばらしい仕事をするには、ある種のコツやテクニックが存在する。

他の人にできたのだから、あなたにもできる。すばらしい成果をあげているマネジャーも、生まれつき他のマネジャーより優秀なのではなく、すべきことと、すべきでないことを学んで身につけたのだ。彼らは大切な教えを何度も実践し、完全に習得したのだ。

能力のかぎり最高のマネジャーになり、最高のリーダーになることは、部下を動機づける際の土台になる。他人を動機づけるには、まず自分の人格を証明しなければならない。高潔さ、知性、ビジョン、創造性、粘り強さを備え、自分と自分の部下を向上させたいという欲求をもちつづけていることを、周囲の人から認めてもらう必要がある。

■マネジャーの3つの志向

成功したマネジャーは、3つの志向がある。

1つめは「結果志向」だ。彼らは、仕事をきちんと完成させることに全身全霊を傾けている。

2つめは「解決策志向」だ。仕事をしていれば、1日に何度も問題や障害にぶつかることになる。そんなとき、解決策志向のマネジャーは、言い訳を考えたり、他人を責めたりするのではなく、とにかく解決策を見つけることだけを考える。

３つめは極度な「行動志向」だ。彼らはつねに動いていて、あらゆる場所に顔を出し、部署や会社の動きを自分の目でたしかめている。

■すぐに動くと決意する

何か新しいアイデアが浮かんだら、「すぐに動く」をモットーにしよう。

新しいアイデアが浮かんでから実行するまでの時間と、そのアイデアを実行するかどうかということのあいだには、直接的な関係がある。

つまり、すぐに動くほど実行する可能性が高くなり、時間が空くほど実行する可能性が低くなる、ということだ。すぐに実行してうまくいったら、新しいスキルを身につけたということだ。もしうまくいかなかったら、そこでフィードバックを得て軌道修正をし、また前に進んでいけばいい。

さて、いよいよ「マネジメントの17の原則」を紹介しよう。

会社のために、部下のために、あなたはこの17の原則を必ず身につけなければならない。

原則1　明確さが不可欠だ

マネジャーの仕事を定義するなら、「他人を通して結果を出す」と表現するのが一番わかりやすいかもしれない。マネジメントとは、部下に手伝わせながら自分で仕事をすることではない。部下に仕事をさせることで結果を出すのがマネジメントだ。

第5章でも見てきたように、仕事の世界でもっともモチベーションが下がるのは、自分が何を期待されているのかわからないという状況だ。逆に考えれば、もっともモチベーションが上がるのは、自分に期待されていることがはっきりわかっている状態だろう。

マネジャーであるあなたの一番大切な役割は、自分が何をめざしているのか、それをどのように達成するのかを明確に知り、部下たちに期待していることを明確に伝えることだ。

時間管理の分野に「計画を立てるときに使う1分は、実行するときに10分の節約になる」という言葉がある。それと同じように、自分の目標と目的を明確に定義し、それを話し合いとフィードバックを通して周囲にも明確に伝えるために使った1分は、理想の結果を出すための行動で10分の節約になる。

仕事でも人生でも、あなたが成功できるかどうかは、あらゆることがどれだけ明確になっているかでほぼ決まるといっていい。有能なマネジャーは、自分がめざすものを明確に知っている。そして、有能なマネジャーの下で働く部下たちは、自分に課された責任を完全に理解し、それが全体のなかでどのような位置づけになるのかを明確に理解している。

無能なマネジャーは、自分の責任をきちんと把握していない。その結果、部下たちも自分の責任がよくわかっていない。このような明確さの欠如によって、多大な時間と労力が無駄になってしまう。明確さは、有能なマネジャーになるための出発点だ。

原則2　有能さが成否を分ける

あなたのマネジャーとしての能力に部下たちが疑問をもっていたら、あなたが何を言っても彼らのモチベーションは上がらず、あなたについていこうという気持ちにもならないだろう。マネジャーという存在は、一番大切な仕事で必ず結果を出す人物であると、周囲の人たちから認められなければならない。具体的には、顧客がもっとも重視する重要な分野で、自分も組織も最高の仕事をすることに責任をもっているということだ。

これが有能なマネジャーであることの証しだ。有能なマネジャーは、最高の仕事をすることに自分のすべてを捧げている。現在のビジネス環境は、人類史上もっとも激しい競争にさらされている。この環境で生き残ることができるのは、最高の製品やサービスを提供している個人や企業だけだ。最高の仕事をすること。あなたもこれを第一にめざさなければならない。

まずは、自分のパフォーマンスに高いハードルを設けることからはじめよう。マネジャーが手本にならなければならない。部下に何かをやらせるなら、まず自分がそれをする意思があることを見せなければならない。次に、部下にも高いハードルを設定する。もし必要なら、厳しく鍛え、無能な部下は容赦なく排除しなければならない。

■フィードバックを得て軌道修正する

有能なマネジャーはつねに、顧客にフィードバックやアイデアを求める。顧客の意見は、ほめ言葉でも苦情でも、自分の仕事ぶりを把握するための貴重な情報だ。顧客の意見を聞けば、進めるべき行動と、改善すべき行動がわかる。最高のパフォーマンスを発揮する人の特徴は、フィードバックを得て軌道修正することだ。レーダーになった気分で周囲の環境をたえず調査し、自分を向上させる方法を貪欲に探そう。

これからの仕事で、つねに自問しなければならないことがある。それは、「ある1つのことを完璧にこなして自分の仕事にとって最大のプラスになるとしたら、それは何か?」という問いだ。この問いへの答えを紙に書き、仕事の計画を立てよう。

パフォーマンスの基準を決め、手順を整え、仕事に取りかかろう。そして毎日欠かさず、その仕事を完璧にこなすことを心がけよう。こうした取り組みは、あなたの人生と、あなたの仕事の未来を変える力をもつだろう。

原則3　制約を見つける

制約の原則は、現代マネジメント理論でもっとも重要なコンセプトの1つだ。制約の原則によると、あなたと、あなたがめざす目標のあいだにはある特定の制約があり、その制約が目標達成にかかる時間を決めている。この制約は、「ボトルネック」と呼ばれることも多い。または、現在地と目的地のあいだにある「制限ファクター」と考えることもできるだろう。

たとえば、あなたの目標が売上げを増やすことだとしよう。その場合、致命的な制約となるのは、あなたが開拓する顧客の数ということになるかもしれない。または、顧客の数ではなく質のほうが決定的な意味をもつかもしれない。顧客の忠誠心である可能性もある。リピート客の数、顧客に紹介されて購入した人の数が決定的な要素になるかもしれない。

優秀なマネジャーなら、目標達成までの時間を決める制約を正確に見分けることができる。そして制約がわかったら、今までとは違うアプローチや戦略を用いて、その制約を乗り越えることができる。

■内部の制約と外部の制約

制約にも80対20の法則が適用できる。目標達成の前に立ちふさがる制約のうち、80パーセントが内部に存在する。あなた自身のなかにあるかもしれないし、仕事のなかにあるのかもしれないが、とにかくそれは組織の内部にある。外部の制約は20パーセントしかない。

この事実を知っているかどうかが、有能なマネジャーと無能なマネジャーを分ける鍵になる。有能なマネジャーは、問題が起こるとすぐに内部を見る。まず目を向けるのは、自分の部下であり、自分の組織の構造、製品、サービス、仕事のやり方、広告、売上げ、マーケティングなどだ。無能なマネジャーは、内部の問題の原因をつねに外部の制約になすりつける。しかし、制約が外部に存在することはめったにない。

ここであなたに質問をしよう。「ある1つの制約を完全に取り除けば、目標に一番早くたどり着けるとしたら、その制約は何か？　ある1つの問題を解決すれば、もっとも大切なビジネスの目標を達成できるとしたら、その問題は何か？　ある1つの目標を達成すれば、あなたのビジネスにとってもっとも大きな助けになるとしたら、その目標は何か？」

あなたの答えがどうであれ、今日から全エネルギーを集中して、その問題を取り除こう。そうすれば、あなたのビジネスの未来が完全に変わるだろう。

原則4 創造性を発揮する

問題に忙殺され、目標を達成できないマネジャーは、チームのモチベーションを下げる存在になる。部下たちはこう言うだろう。

「ボスでもできないのだから、頑張ったってどうせ無駄だ」

部下を鼓舞することに長けたマネジャーは、問題にぶつかってもまったく動じない。解決策に集中し、迅速に問題を片づけ、そして目標に向かってまい進する。

ここで、あなたにとっていいことをお教えしよう。あらゆる科学の研究や調査の結果、人はみな潜在的な天才であることがわかっている。あなたの脳には無限の力が秘められている。ただ、あなたがまったく活用していないだけだ。あなたはすでに、十分な知識と知性を備えているのかもしれない。すべての障害を乗り越え、すべての問題を解決し、どんな目標でも達成できるかもしれないのだ。

あなたのなかに眠る内なる天才を解き放つには、3つのことが必要だ。それは、「真剣に求める目標」「差し迫った問題」「目的のはっきりした質問」だ。1つのいいアイデアさえあれば、ビジネスの未来も、あなたの人生も、すべて変えることができる。そのアイデアを出すには、自分の目標、問題、または鍵となる質問に、全神経を集中させればいい。

■20のアイデア方式

人生を変えるシンプルなエクササイズを紹介しよう。1枚の紙を用意し、紙の一番上に、現在の目標または問題を質問形式で書く。たとえば、「2年間で売上げを倍増するにはどうしたらいいか?」というようにだ。

次に、その質問の答えを20個考え、質問の下に書いていく。最初から20個思いつくのはたいへんかもしれないが、それでもあきらめず、頭を絞って何とか20個のアイデアを出そう。自分が考えた答えの質の高さに、きっと自分でも驚くだろう。

答えが20個出たら、今度はその20個のなかから、すぐに実行できるものを1つ選ぶ。その答えを早く実行するほど、他にもたくさんのアイデアを思いつくことができる。

次の質問は、「何か1つの問題を解決すれば、私の仕事にとって最大のプラスになるとしたら、それは何か?」だ。この質問を、定期的に考えるようにする。その「1つの問題」が何であれ、思いついたことを紙に書き、その問題を解決する20のアイデアを下に列挙していく。そして、アイデアを実行に移す。あなたはその成果に驚くことになるだろう。

原則5　一心不乱に集中する

マネジャーにとって、必要なスキルはいろいろあるだろうが、一度に1つのことを選んでそれに完全に集中する能力は、もしかしたらあなたの仕事人生でもっとも重要なスキルかもしれない。

反対にあなたが集中する対象が毎日変わるようでは、部下のモチベーションは上がらない。重要な仕事だと思って頑張っていたのに、あとからどうでもいい仕事だと言われてしまったら、もう頑張る気もなくなってしまう。

成功している人はみな、もっとも大切な仕事に集中し、その仕事が完遂するまで集中力を維持する能力を身につけている。成功していない平凡な人たちは、一度にたくさんのことをやろうとして、集中力を分散させている。その結果、すべてのことが中途半端に終わってしまうのである。目標に向かってまい進するために、毎日1時間に1回、次の4つの質問を自分に投げかけよう。

①私にとってもっとも価値のある活動は何か？

ビジネスにとって、そして人生にとって、もっとも大きな貢献をもたらす活動は何か。あなたはその答えを明確に知っていなければならない。そして、いつでもその活動だけに取り組まなければならない。

②私はなぜこの会社に雇われているのか？

あなたは何のために雇われているのか。あなたが達成しなければならない仕事は、正確にはどんな仕事なのか。なぜ会社はあなたに給料を払っているのか。その給料を正当化するためには、どんな結果を出しつづけなければならないのか。この質問への答えが何であれ、あなたは来る日も来る日も、それに集中して取り組まなければならない。

③私だけがしている仕事で、それをきちんとこなせば、大きくて前向きな変化を起こすことができるものは何か？

これは時間管理でもっとも重要な質問であり、この質問への答えは一度に1つしかない。あなたにしかできないことが、必ず何かあるはずだ。あなたがしなければいつまでも完成しないが、もしあなたがそれをきちんと完成させればとても大きな影響がある。それはいったい何だろうか。

この問いへの答えが何であれ、その答えがあなたの最優先課題だ。いついかなるときも、その仕事を第一に考えることだ。

④今この瞬間、もっとも有効な時間の使い方は何か？

1日のすべての瞬間で、この問いへの答えは1つしかない。あなたはつねに、時間と人生をきちんと管理して、何よりも大切な仕事に全神経を集中できる環境を整えなければならない。それが集中力の鍵になる。

原則6　自分の信念を曲げない勇気をもつ

真のマネジャーに共通する資質のうち、2番目に多いのが「勇気」だ。大きな成功を収めるには、リスクをとる勇気、快適ゾーンの外に出る勇気、成功の保証のないことに挑戦する勇気を身につけなければならない。さまざまな研究の結果、トップクラスのマネジャーに共通する資質がわかってきた。それは、信念をもって一歩踏み出し、たとえ失望や失敗のリスクがあっても、より高い次元、よりよい何かをめざす態度だ。

私は若いころ、人生を変える教えを学んだ。それは「怖いのは誰でも同じだ」ということだ。誰もがさまざまなことを怖がって生きている。私たちは失敗を恐れている。批判を恐れている。否定を恐れている。お金を失うことを恐れている。人生における喪失を恐れている。恥をかくこと、笑われることを恐れている。私たちは本当にたくさんのことを恐れている。しかし、恐怖に思考を支配されていると、価値のあることを何もしないまま、人生を終えてしまうだろう。

かつて俳優のグレン・フォードは、「恐れていることをしなかったら、恐怖に人生を支配される」と言った。勇気のある人とは、恐怖心のない人ではない。恐怖心があっても、それでも行動する人が勇気のある人だ。

ラルフ・ワルド・エマーソンのすばらしい言葉を紹介しよう。

「大成功を収めたいのなら、人生で自分が恐れることを実行する習慣を身につけよう。恐れることを実行すれば、恐怖は確実に死に絶える」

■最大の挑戦

マネジメントにおける勇気とは、パラシュートをつけずに飛行機から飛び降りることではない。よく考え、計画を立て、情報を集め、そのうえで結果が保証された過去のやり方、製品やサービスにこだわって安全策をとるよりも、未知の領域に進んだほうがむしろ安全であると判断すること。これがマネジメントにおける勇気だ。

勇気をもって行動すると、なぜか見えない力に助けられることが多くなる。

そこで、この質問について考えてみよう。

「もし夢を1つだけ実現できるとしたら、しかも絶対に失敗しないという保証があるとしたら、どんな夢を選ぶだろうか？　失敗の恐怖がまったくないとしたら、どんな目標を設定し、どんな行動をとるだろうか？」

質問の答えが何であれ、それを紙に書き、計画を立て、今日から実行に移すのだ。

原則7 人格を磨く

あなたの全キャリアを通じてもっとも大切なことは、立派な人格を身につけ、評判を確立することだ。シェイクスピアはこう言っている。「私の財布を盗む者はゴミを盗む者だ。しかし私の名声を盗むものは、私からすべてを盗む」

シェイクスピアはまた、こんな言葉も残している。「自分自身に対して誠実であれ。そうすれば昼のあとに夜が訪れるように、自然にすべての人に対して誠実になるだろう」

ここでの主題は「人としての高潔さ」だ。自分に対しても、他人に対しても、非の打ち所がなく誠実であること。自分にウソをつかず、他人にもウソをつかない。目先の欲に駆られて、高潔さを犠牲にするようなことは、絶対にしてはならない。

高潔な人格は、マネジャーにもっとも求められる資質であり、高潔な人格を備えたマネジャーがもっとも大きな尊敬を集める。高潔さが、急速な進歩を達成する鍵になる。

マネジャーは細心の注意を払って、高い次元の誠実さと高潔さを備えた人物だという評判の確立と維持をめざさなければならない。だからあなたは、つねに正しいことをしなければならない。直感に耳を傾け、内なる声を聞き、自分が善だと信じること、正しいと信じることだけを行うようにする。すべての状況でフェアであることを心がける。高潔な人格を保つ努力は、そのままあなたの自信と自尊心に影響を与える。

原則8　前もってすべての細部を計画する

計画を立てることは、マネジメントの鍵の1つだ。計画を立て、すべきことを最初から終わりまで前もってすべて考え、紙に書いておくことは、あなたの将来のほぼすべてを決める重要なスキルである。

部下の仕事は、すべきことを「どのようにするか」ということだ。いつ、どこで、どんなリソースを使うかは部下が決める。

しかし、あなたの仕事は「何」をするかを決めることだ。「何」の計画を立てることができるのはあなたしかいない。

計画を立てるときに鍵となるのは、期待される結果を明確に定義することだ。そして、それらの結果を達成するために必要なことを、すべてリストにする。次にリストの項目に優先順位をつける。それらの目標を達成するのに必要なリソース、とくにお金と人材について計算する。これらの要素を考慮して、明確で誰でもわかる計画を立てる。この計画は家をつくるときの青写真と同じで、他の人が見ても家を建てられるぐらい、わかりやすくなければならない。

誰にでもわかる明確な計画を立てることができる能力は、他の何よりもあなたの成功を決定づける大切な要素になるだろう。じっくり時間をかけて正しく計画を立てよう。

原則9　仕事をはじめる前に段取りを決める

マネジメントにおける仕事の段取りとは、仕事を完遂させるのに必要なリソースをすべて集めることだ。計画を立て、自分が達成したいこと、達成しなければならないことをすべて明確に知ったら、今度は人を集め、お金を集め、そして目標達成のために必要だと判断したその他のリソースを集めることになる。

段取りの段階で、必要な金額を正確に出しておく必要がある。また、必要な人材と、彼らが備えているべきスキルと能力もはっきりさせておく。必要な施設と場所も確認する。設備、情報、技術、その他の備品やリソースも確認しておく。

次に、プロジェクトの計画を立てるように、仕事の計画を立てる。職務と責任を具体的に決め、それらを特定の人たちに委譲する。仕事の質の基準と、仕事の期限も決めておく。

計画を立て段取りを決めることは、有能なマネジャーに絶対欠かせない能力だ。この能力は、実践を重ねるほど磨かれていく。そして計画と段取りの能力が上がるほど、出す結果の数も増えていくだろう。

原則10　すべてのレベルで正しい人材をそろえる

ここからがマネジメントの肝心なところだ。マネジャーとしての成功の95パーセントは、部下として選んだ人材で決まる。

第6章でもふれたように、マネジャーの職に昇進する人は、それ以前に人を採用する訓練を受けていない。効果的な面接のやり方も、人の選び方も知らずにマネジャーになってしまうからだ。その結果、ほとんどの採用で、直感を頼りにぶっつけ本番で決めてしまう。しかし今の時代、才能のある人材の価値が急騰し、人材の奪い合いがかつてないほど熾烈になっている。そのため、採用での失敗は許されない。最初から最高の人材を雇わなければならないのである。

部下を1人新しく雇うことに決まったら、実際の人選をはじめる前に、理想的な人材が備えている資質、性格、能力をすべて紙に書きだしてみよう。そしてできあがったリストを、新しく雇う人物といっしょに働くことになるかもしれない部下にも見てもらう。

彼らの意見を取り入れ、追加や修正を加え、リストを完成させる。次に、候補者をこのリストと照らし合わせて吟味する。このエクササイズだけでも、条件に合わない候補者をふるい落とし、質の高い候補者だけを残すことができる。

ちなみに、マネジャーが失敗する大きな原因の1つに、相手を傷つけたくないばかりに無能な部下を解雇できないということがあげられる。もし現在の部下のなかに、仕事ができない人、またはやる気のない人がいるのなら、今すぐ行動を起こし、能力のある人を代わりに見つけなければならない。これはマネジメントの主要な責任の1つだ。

原則11　効果的に権限委譲をする

権限委譲もまた、ほとんどのマネジャーがまったく訓練を受けていない分野である。しかし、権限委譲に関する本ならたくさん出ているし、よく雑誌の記事にもなっている。実際、効果的な権限委譲ができるかどうかは、ビジネスの成功の鍵を握るといっていいだろう。この能力がなかったら、マネジャーとしての未来もない。いずれまた部下の立場に戻る運命だ。権限委譲のできない人は、他のできる人に地位を譲らなければならない。

ありがたいことに、権限委譲の技術は学ぶことで身につけることができる。一流の技術を身につけることもできるだろう。権限委譲の方法はとてもシンプルだ。

まずは、権限委譲を行う前に、まかせる仕事の内容を最初から終わりまで詳しく思い描く。そして第2に、過去の経験と現在の能力から判断し、仕事をまかせる部下を慎重に選ぶ。第3に、選んだ部下と仕事について話し合い、仕事の内容を部下の口からも説明させて、きちんと理解したかを確認する。第4に、その仕事を完遂させるのに必要な人材、お金、その他のリソースを提供し、部下が成功できるようにあらゆる方面から手助けをする。第5に、権限委譲と権限放棄は違うということを理解する。責任者は、あくまでマネジャーであるあなただ。定期的に仕事の進捗状況をチェックし、すべてが計画通りに進んでいることを確認する。

権限委譲で失敗すると、どんなに強大な軍隊も戦いに敗れ、どんなに偉大な企業も崩壊する。権限委譲は慎重に、辛抱強く、そしてよく考えて行わなければならない。

さらに気遣いと思いやりも忘れてはならない。権限委譲はあなたの仕事の一部であり、仕事人生を通じてずっと勉強していかなければならない分野だ。

原則12　自分の期待を知る

計画を立て、段取りも整い、人材も確保し、権限委譲を行ったら、次の仕事は、まかせた仕事が予算とスケジュールを守って終わるように監督することだ。

おそらく、ここでの最善の方法は、いわゆる「歩きまわるマネジメント」だろう。自分の時間の75パーセントを費やして、部下たちの周りをぶらぶらし、話しかけ、質問をし、フィードバックを受け、こちらから提案する。

トップクラスのマネジャーは、ほぼいつも部下の見えるところにいて、問題や疑問があったらすぐにつかまるようにしている。つねに部下と接することで、最新のフィードバックを定期的に受けている。有能なマネジャーは、プロジェクトの進捗がつねにわかっているのだ。だから驚かされることもなく、不意打ちを食らうこともない。

最高のマネジャーは、「目的による管理」を行う。最高のマネジャーの下で働く部下たちは、全員が自分に期待されていることを熟知している。どんな仕事を、どの程度のレベルで、いつまでに仕上げるのかがよくわかっている。そしてマネジャーは、定期的にこうたずねる。「仕事の進み具合はどうだ?」と。

マネジャーという立場は、部下が仕事を完遂させるのを助けるヘルパーであり、教師であり、リソースだ。マネジャーはつねにチームの状態に目を光らせ、最高の仕事をするのに必要なものが、すべての部下に行きわたっていることを確認する。

おそらく、マネジャーであるあなたにとってもっとも大切な仕事は、継続的に部下たちを励まし、動機づけをすることだろう。部下の仕事ぶりをほめてあげよう。部下が何か職務を超えた手柄を立てたら、それがどんなに小さなことでも、きちんと感謝の気持ちを伝えよう。部下にはいつも笑顔で接し、部下の話を真剣に聞くようにしよう。

人前で部下をほめ、スタッフミーティングのときに部下をほめる。誰もが自分に自信をもち、自分を好きになれる環境をつくるのだ。

原則13　上司に情報を伝える

誰よりも早く出世するのは、ほぼ間違いなく自分の仕事の報告がきちんとできる人だ。誰でも理解できるような、きわめて明確な報告を定期的に行っている。いい仕事をして、期日通りに結果を出すだけでは十分ではない。その情報を周りの重要人物、とくに自分より上の地位の人たちに、迅速に伝えることが大切だ。

経営幹部は、いわゆる「ノー・サプライズ」の方針を好む傾向がある。どんな驚きも好まない。そのため何か通常とは異なることが起こったら、その詳細とどんな対策をとるつもりかを伝えることが大切だ。

あなたの上司は、視覚的な人、または聴覚的な人のどちらかに分類される。部下から報告を受けるときに、視覚的な上司は文書での報告を好み、聴覚的な上司は口頭での報告を好む。だから、まずは自分の上司がどちらのタイプかを知ることが大切だ。

それから先は永遠にその方法で報告する。これだけでも、あなたのキャリアが上昇していくための大きなプラスになる。

原則14　高い生産性をめざす

これも、マネジメントにおける重要分野だ。あなたの責任は、どんな仕事であれ、とにかく仕事を完遂させることだ。「生産性」という言葉を厳密に定義すると、「インプットに対するアウトプットの割合を増やす方法で、かつ生産コストを維持し、または減らしながら製品とサービスの量と質を向上させる方法をつねに模索すること」という意味になる。

きわめて高い生産性を維持するには、仕事をより早く、より安く、より効率的に完成させる方法を探しつづけなければならない。それには自分のチームに、「つねに上をめざす」文化を根づかせることが大切だ。毎日、仕事のあらゆる場面で、あなたも含めたチーム全員が、仕事をより早く、よりうまく完成させる方法を探さなければならない。

より高い生産性を獲得するには、3つの「R」が鍵になる。「再編成（Reorganization）」「改良（Reengineering）」「事業再構築（Restructuring）」だ。

- **再編成**　継続的に人を動かし、彼らがより価値の高い仕事を完遂できるようにする。
- **改良**　結果を出すためのプロセスを継続的に分析し、より円滑で、効率的な業務の遂行をめざしてプロセスを簡略化する。プロセスの手順を減らし、複雑さを取り除くことで、時間とコストを節約できる。この努力の結果、効率性が大幅に向上し、利益率が上がる。

- **事業再構築**　もっとも重要な人材とリソースを、もっとも力が発揮できる場所に異動する。これは顧客にとってもっとも価値の高い製品とサービスを生産する場所だ。20パーセントの仕事、製品やサービス、活動が、仕事全体の80パーセントの結果と利益を出している。あなたの仕事は、つねにその20パーセントに力を注ぐことだ。

職場の生産性が上がるほど、部下のモチベーションも上がる。そして部下のモチベーションが上がるほど、生産量が増え、あなたも周囲から有能なマネジャーとして見られるようになる。

原則15　すべての領域で最高の質をめざす

個人として能力があることは大切だが（原則2）、質は能力とはまた別の問題だ。質とは、卓越した能力を誇る分野をもつことだ。その分野を生かして、自社の製品やサービスが、市場でライバルたちを引き離すことをめざす。幸せでモチベーションの高い社員は、たいてい自社の製品やサービスに自信をもっている。一方で、自社の製品やサービスに思い入れがない社員は、最高の仕事をしようというモチベーションもない。

おそらく、市場調査のベストな方法は、顧客に、自社の製品やサービスの「質」をはっきりさせてもらうことだろう。質を高めようと努力するのはいいのだが、多くのビジネスパーソンや企業が、顧客がまったく重視していない分野で努力してしまっている。

だから、なぜ他社の製品ではなく自社の製品を買うのか、その理由を顧客にたずねてみよう。そして、顧客の意見を取り入れ、顧客がもっとも重視する分野にさらに磨きをかけることに力を注ぐのだ。

パフォーマンスの基準だけでなく、「卓越したパフォーマンス」の基準も決めよう。20年以上にわたる調査の結果、トップクラスの利益を上げる企業は、ライバル企業よりも質の高い製品やサービスを提供するという評判を獲得していることがわかっている。

顧客が製品やサービスの質を判断するとき、考慮する要素は2つある。1つは、製品やサービスそのものだ。そしてもう1つは、その製品やサービスの提供方法だ。企業がどのように製品やサービスを提供し、顧客のもとに届けるか。2つの要素のうち、顧客は後者をより重視する。トップクラスの企業は、よい製品やサービスを提供するだけでなく、明るく、親しみやすく、顧客重視の手法で販売している。あなたもそれをめざさなければならない。自分の周りを見て、自分に次の質問をしよう。

「ある1つの分野でわが社が断トツでトップの質を提供するとしたら、どの分野にすれば会社の将来にとってもっとも大きなプラスになるか?」

答えがどの分野であれ、その分野にエネルギーを集中し、他の追随を許さない製品やサービスの提供をめざすのだ。その結果、会社の未来が一変する可能性もある。

原則16 つねに成長をめざす

理想をめざして働くとき、人は熱狂し、モチベーションが上がる。自分個人の理想だけでなく、自分が働く組織の理想も同じ力をもつ。

成功したリーダーは、戦略プランニングのときにかならず実行していることがある。それは経営幹部たちに、「今から5年間、この会社があらゆる面で完璧に進んだら、5年後はどうなっているだろうか?」とたずねるのである。

だからあなたも、自分のチームで同じような質問をすべきだ。

また成功したリーダーは、戦略プランニングの場で、部屋のなかを回りながら出席しているマネジャーそれぞれに、理想の会社の姿を描写してもらう。

今から5年間、この会社がずっと業界トップの地位を維持したら、会社はどんな姿をしていて、どんな評判を獲得しているだろうか。それぞれの考えを紙に書いてもらうのだ。

そして、理想の未来像を明確に描くことができたら、今度は各項目に優先順位をつけ、理想を実現するための計画を立てる。

会社のどの分野を変え、どの分野に磨きをかければ、5年後に理想の姿を実現することができるのか。それを考えながら、理想を実現するための戦略を立てよう。

マネジャーにも、同じようにチームの理想を実現するための戦略立案が求められる。

原則17 革新をつづける

あなたの会社は前に進んでいるだろうか。それとも停滞しているだろうか。あなたの会社の製品は、業界の最先端をいっているだろうか。それともライバル社の後塵を拝しているだろうか。

人が仕事にやりがいを覚えるのは、つねに革新を続ける会社、つねに「次の最高の方法」を探している会社で働いているときだ。

新製品や新サービスの研究開発には、惜しみない時間とお金の投資が必要だ。トップ企業のほとんどは、過去2年以内に発表した新製品による収入が、総収入の20パーセントを占めることをめざしている。あなたの会社もつねに危機感をもたなければならない。

一番売上げを出している製品やサービスが、すぐに時代遅れになって、市場から追い出されようとしている前提で思考し、計画を立てることを習慣にしなければならない。

「次のヒット商品、次のヒットサービスは何だろうか?」と問うのだ。

それにはスタッフを集め、定期的にブレーンストーミングを行う。全員で意見を出し合い、思考のきっかけにする簡単な質問を決め、あなたがそれをホワイトボードに書き込む。次に、15分から30分かけて、質問の答えをできるだけたくさん考え出す。自由な発想で、問題を解決する方法、目標を達成する方法を考えるのだ。

このようなブレーンストーミングを定期的に行っていると、部下たちのすばらしいアイデアに心から驚くことになるだろう。普通の社員でも、会社を急速に前進させるアイデアを生むことができるのである。それには、いつも自分にこうたずねよう。

「現在のやり方をしていないとして、最初からはじめるとしたら、またこのやり方を選ぶか?」

「現在のやり方よりもいいやり方はないか?」

もっとも成功しているライバル企業を研究し、彼らの一番成功しているやり方をコピーする方法を考えよう。同じ業界でもっとも成功している人を基準に、自分のパフォーマンスと比べてみよう。

自分に高いハードルを設け、そのハードルを越える方法、そのハードルのさらに上をいく方法をつねに模索するのだ。21世紀のビジネスで成功するには、アイデアと革新が鍵になる。

そしてあなたがマネジャーとして成功するかどうかも、この2つによって決まるだろう。

まとめ

本章の最後に、いくつかの考えを述べたいと思う。

1つは、現代は人類史上もっとも生きているのが楽しい時代である、ということだ。たしかに市場は大混乱し、しかも縮小傾向にあるが、見方を変えると、自分のスキルと能力を発揮して、マネジャー、そしてリーダーへと昇進するチャンスでもある。

この章では、もっとも有能なマネジャーになるための17の原則を紹介した。それぞれの原則を見直し、10点満点で自分に点数をつけてみよう。あなたはそれぞれの原則をどの程度まで実行しているだろうか。たいていの場合、もっとも弱い部分が足かせとなり、他のスキルまで最高のレベルで活用できなくなっている可能性がある。

ここであなたがすべきは、その弱い部分を見つけ、その弱点のなかからもっとも重要な分野を1つ選び、その分野を向上させるために実行することだ。人はいいアイデアをいろいろ聞くと、たくさんの分野をいっぺんに向上させたくなる。あなたもそう思っているにちがいない。

しかし、それでは逆効果だ。一番影響力が大きいと思われる分野を1つだけ選び、その分野のスキルを向上させることに集中し、完璧に習得することをめざすのだ。

おわりに

成功しているマネジャーはみな、結果を求め、解決策を探し、行動を起こす。

しかし、有能なマネジャーに共通するこれらの資質のうち、一番大切なのは行動だ。彼らはいいアイデアが浮かんだり、チャンスを見つけたりすると、その場ですぐに行動を起こす。いいアイデアを聞いたらすぐに動く。彼らには切迫感と危機感があり、何事においてもスピード重視だ。あなたもそうならなければならない。

多くの人がマネジャーとしてなかなか成長しない最大の理由は、新しいことに挑戦しないからだ。快適ゾーンに安住し、そこから出ようとせず、ずっと同じことをやりながら、なぜ同じ結果しか出せないのかと悩んでいるのだ。


有能なマネジャーになるために、この本を定期的に読み直そう。そして読み直すたびに、そのときの自分にとって一番必要なアイデアを1つ選び、そのアイデアを実行に移そう。

今すぐはじめよう。
アイデアが浮かんだら、その場ですぐに行動を起こさなければならないのだ。

最後に、勇気がわいてくる言葉を紹介しよう。

早く動くほど、エネルギーがわいてくる。
早く動くほど、フィードバックがたくさん集まる。
早く動くほど、いい結果が手に入り、自分に自信がつく。
早く動くほど、周囲の人に与える影響も大きくなる。
早く動くほど、勇気と希望が高まり、早く最高のマネジャーへと成長できる。

幸運を祈る。

ブライアン・トレーシー

【著者紹介】
ブライアン・トレーシー（Brian Tracy）
◉——世界的に著名な経営コンサルタント。プロのスピーカー、トレーナー、セミナー講師でもある。カナダ生まれ。貧困から身を起こし、セールスマンとして頭角を現したのち、貿易、流通、投資、不動産開発など多種多様な業務に携わる。その後、独立し、現在はブライアン・トレーシー・インターナショナル社長。約30年にわたり1000社以上にコンサルティングを行うかたわら、世界55カ国で講演と研修を通じて累計約500万人を指導する。主なクライアントはマクドナルド、コカ・コーラ、ＩＢＭ、ヒューレット・パッカード（ＨＰ)、フォード・モーター、ＢＭＷ、ヒルトン・ホテル、リッツ・カールトン、バンク・オブ・アメリカ、シティグループ。著書多数。主な著書に『カエルを食べてしまえ！』（ダイヤモンド社)、『フォーカル・ポイント』（ディスカヴァー・トゥエンティワン）がある。現在、子どもは独立し、夫人とカリフォルニア州で暮らす。

【監訳者紹介】
岩田松雄（いわた・まつお）
◉——1958年生まれ。大阪大学経済学部卒業後、日産自動車株式会社に入社。生産、品質、購買、セールスから財務に至るまで幅広く経験し、UCLAアンダーソンスクールに留学。その後、外資系コンサルティング会社ジェミニ・コンサルティング・ジャパン、日本コカ・コーラ株式会社役員を経て、ゲーム会社の株式会社アトラスの代表取締役社長として、３期連続赤字企業をターンアラウンド。株式会社タカラ常務取締役を経て株式会社イオンフォレスト（ザ・ボディショップ）の代表取締役社長に就任。店舗数を107店舗から175店舗に拡大、売上げを67億円から約140億円に拡大させる。その後、スターバックス コーヒー ジャパン 株式会社のCEOとして「100年後も光り輝くブランド」を掲げ、業績を右肩上がりに成長させる。2010年度には過去最高の売上げ1016億円を達成。それらの実績が認められ、UCLAビジネススクールより全卒業生３万7000人のなかから、「100 Inspirational Alumni」（日本人でわずか４名）に選出される。現在、リーダーシップコンサルティングを立ち上げ、次世代のリーダー育成に力を注いでいる。
◉——著書に、『「ついていきたい」と思われるリーダーになる51の考え方』をはじめ、『「君にまかせたい」と言われる部下になる51の考え方』（いずれも、サンマーク出版)、『ミッション 元スターバックスCEOが教える働く理由』(アスコム)、『スターバックスCEOだった私が社員に贈り続けた31の言葉』（中経出版）などがある。

【訳者紹介】
弓場隆（ゆみば・たかし）
◉——翻訳家。主な訳書に『一流の人に学ぶ自分の磨き方』『最高の人生を手に入れる習慣』（いずれも、かんき出版)、『才能を伸ばすシンプルな本』（サンマーク出版)、『「人の上に立つ」ために本当に大切なこと』（ダイヤモンド社)、『人を惹きつけ、幸運を呼び込む方法を教えよう』（ディスカヴァー・トゥエンティワン）などがある。

人《ひと》を動《うご》かせるマネジャーになれ！　〈検印廃止〉

2013年９月20日　第１刷発行
2013年10月18日　第２刷発行

著　者――ブライアン・トレーシー
監訳者――岩田　松雄
訳　者――弓場　隆
発行者――齊藤　龍男
発行所――株式会社かんき出版
東京都千代田区麹町4-1-4 西脇ビル　〒102-0083
電話　営業部：03(3262)8011㈹　編集部：03(3262)8012㈹
FAX　03(3234)4421　振替　00100-2-62304
http://www.kankidirect.com/

DTP――松好那名(matt's work)
印刷所――ベクトル印刷株式会社

 ISBN978-4-7612-6943-2 C0034